ele-king
cine series

2023年間ベスト&2024の注目映画！

JN067176

目次

２０２４年の注目作

対談

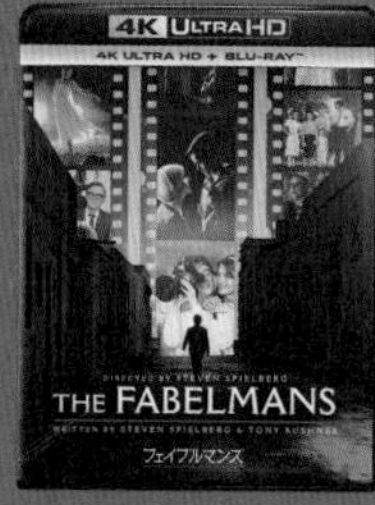

表紙写真
『フェイブルマンズ』
4K Ultra HD+ブルーレイ：7,260円（税込）
発売元：NBCユニバーサル・エンターテイメント
© 2022 Storyteller Distribution Co., LLC. All Rights Reserved.
＊2023年12月の情報です

2024の注目映画！

ele-king cine siries 初のアンケート特集をお送りします。47名の映画ライター、ジャーナリスト、批評家、研究者、監督、俳優などの方々に、「２０２３年間ベスト」と「２０２４年の注目作」を聞きました。

年間ベストについては１位を10ポイント、２位を９ポイント……という形で合計55ポイントに換算。同率や順不同などの回答については合計が55になる形で調整してあります。ポイントを集計し、上位20作を次ページに掲載しました。

とはいえこうしたアンケートは集計結果のランキングもさることながら、個々のセレクトに面白さがあるのはみなさんご存知のとおりかと思います。

多様な顔ぶれが選んだ数々の作品から、まだ観ぬ傑作との出会いがあれば幸いです。

2023年間ベスト &

2023年間ベスト　アンケート集計ランキングベスト20

順位	タイトル	監督	ポイント
1	『別れる決心』	パク・チャヌク	69
2	『フェイブルマンズ』	スティーブン・スピルバーグ	64.5
3	『ベネデッタ』	ポール・ヴァーホーヴェン	56.5
4	『Pearl パール』	タイ・ウェスト	56.5
5	『ガーディアンズ・オブ・ギャラクシー：VOLUME 3』	ジェームズ・ガン	56
6	『スパイダーマン：アクロス・ザ・スパイダーバース』	ホアキン・ドス・サントス、ケンプ・パワーズ、ジャスティン・K・トンプソン	54.5
7	『クライムズ・オブ・ザ・フューチャー』	デヴィッド・クローネンバーグ	49.5
8	『TAR ター』	トッド・フィールド	41
9	『レッド・ロケット』	ショーン・ベイカー	40
10	『エブリシング・エブリウェア・オール・アット・ワンス』	ダニエル・クワン、ダニエル・シャイナート	39
11	『バービー』	グレタ・ガーウィグ	32
12	『カード・カウンター』	ポール・シュレイダー	31.5
13	『キラーズ・オブ・ザ・フラワームーン』	マーチン・スコセッシ	30.5
14	『アステロイド・シティ』	ウェス・アンダーソン	30
15	『VORTEX ヴォルテックス』	ギャスパー・ノエ	29
16	『ミュータント・タートルズ ミュータント・パニック！』	ジェフ・ロウ	27
16	『サントメール ある被告』	アリス・ディオップ	27
18	『聖地には蜘蛛が巣を張る』	アリ・アッバシ	26
18	『熊は、いない』	ジャファル・パナヒ	26
18	『キングダム エクソダス＜脱出＞』	ラース・フォン・トリアー	26

対談

ハリウッドの現在、そして映画の未来

町山智浩 × 宇野維正

長年にわたりアメリカから映画業界の動向をリポートしてきた町山智浩さん、そしてハリウッド映画の現在地についての単著『ハリウッド映画の終焉』を今年刊行した宇野維正さん。この二人に２０２３年のハリウッド映画について語り合っていただきました。事件としての『バービー』と『オッペンハイマー』、ストやパレスチナ問題の影響、そこから浮かび上がる日本市場の特異性など、トピックは多岐にわたります。ハリウッドに、そして映画に未来はあるのか──。

宇野　２０２３年のハリウッドは、興行だけではなく賞レースも含めて『バービー』と『オッペンハイマー』の２作品に象徴されることになりそうです。この対談の時点で、僕はまだ『オッペンハイマー』は観てないのですが。

町山　『オッペンハイマー』が全世界で10億ドルに届く大ヒットになったのが信じられないですよね。

宇野　ノーラン監督作のなかでもトップクラスですね。

町山　今年の全世界での興行収益トップは『バービー』で14・4億ドル。次が『スーパーマリオ』で13・62億。『オッペンハイマー』が約10億。『オッペンハイマー』がここに並んでるのが変ですよね（笑）。『オッペンハイマー』は3時間もあって、劇場の回転数も少ないんです。スクリーン数も少なかった。それでこの数は、ちょっと異常。その次の4位が全世界の興行収益では『ガーディアンズ・オブ・ギャラクシー3』で、その次はなんと『ワイルド・スピード／ファイヤーブースト』。『ファイヤーブースト』はアメリカでは全然駄目だったんですけど、世界興行収入は7億ドルを突破していて、『アクロス・ザ・スパイダーバース』がその下につきました。でも一番ヒットしてるのは『アバター2』なんですけど

宇野　昨年12月公開ですね。日本では40億円ちょっとと、前作の３分の１にも届きませんでした。

町山　年をまたいでの興行だから。興行収入ボックスオフィスは『アバター2』が一番トップなんですよね。23・2億ドルという驚異的な数字が出ている。いろんな意味でものすごく古臭い映画だったんですけど、それがここまでいったのはちょっと驚きました。『バービー』はものすごく新しい映画で、それがこの数字。しかも、アメリカ国内よりも海外で稼いでる。世界で14・4億のうちアメリカ国内が6・36億なので半分以下。中国でもヒットです。バービー売ってなかった国で。

宇野　『バービー』は日本では案の定コケたんですけど、韓国でも結構コケた。

町山　僕はアイルランドで観たんですけど、すごいイベント

でしたよ。20代のお客さんが男も女もピンクの服着て劇場に集まってね。アメリカで観たのは公開から1ヶ月ぐらい経ってからなんですけど、それでも満席。驚いたことにその時はお客さんは老人ばっかりだった。みんなゲラゲラ笑ってて、ほんとにヒット作って老若男女を集めるんだなと思いましたよね。

宇野　『バービー』と『オッペンハイマー』という興収の高い作品が多分アカデミーにも引っかかってくるという、あんまりない1年ですよね。

町山　アカデミー賞の本来あるべき形ですね。90年代は大ヒット作イコールアカデミー賞でしたから。

大規模フランチャイズの低迷

宇野　スーパーヒーロー映画にかつての勢いがなくなったのが一つと、あと『ワイルド・スピード』を始めとする長期フランチャイズも疲弊してる状況です。

町山　『バービー』は単発作品で、しかも内容的に全然妥協しないで、マーケティングなんか知るか、わかる奴だけついてこいって映画であれだけ当たった。SNSを見ると、「アイム・ジャスト・ケン」っていう、映画の中でライアン・ゴズリングが歌うしょうもない歌を、みんなで真似してる。ファンが作り上げた、インド映画の『RRR』の盛り上がりに近い。そうなると普通はカルト映画だけど、それが全世界でブロックバスター的にヒットした。日本と韓国だけが遅れてるんだと思いますよ。

宇野　韓国でコケたのは、社会的にフェミニズムに対するバックラッシュが起きていることも要因だと分析されてますが、日本はそれ以前の話ですね。いずれにせよ、ピンクの服を来て映画館に行くみたいな、映画のイベント化がうまくハマった。近年、映画がヒットするかどうかは作品がイベント化するかどうかにかかっているわけですが、こういう前例ができると、世界的にますます映画会社はインフルエンサーみたいな人たちを重用することになるでしょうね。「批評家の存在価値とは?」みたいな話でもあります。

町山　（笑）。『バービー』は徹底的な解説が必要な、ものすごくハイコンテクストな映画なんです。バービーの歴史や、サブカルチャーの知識がネタになっていて、しかも映画自体の構造も複雑。しかもフェミニズム的にもメタなレベル。でも、それが全然空回りしてない。商業的な仕掛けと、カルト的なファンの作る盛り上がりとが一致した。最もアヴァンギャルドなものが最もポップであるというポップカルチャーの思想があるじゃないですか。まさにそれですよね。

宇野　『オッペンハイマー』のヒットの要因はなんでしょう。

町山　まったく謎。映画自体は3時間もあって、しかも登場人物が50人もいる。しかもその50人の説明がない。よく調べればわかるんですけど、いちいち字幕とか出さないからフルネームすらわかりにくい。職業や関係性もセリフでサラッと言ったり言わなかったり。この難しい映画に、連日お客さんが押し寄せたのはすごいことですよ。

宇野　ヒットの規模こそ違うけどスコセッシの『キラーズ・オブ・ザ・フラワームーン』もお客さんが入ったじゃないですか。これも僕は映画を観てから原作を読んだんですけども、最初は面食らっちゃって。前提知識がない人どうすんのみたいな。登場人物のパワーバランスとか、見終わった後に学んで「なるほど」っていう感じで。あれもすごく長くて複雑なことを扱っているにもかかわらず、それなりに受け入れられてるじゃないですか。それはアメリカの観客のなんだかんだのリテラシーの高さなんでしょうか。

町山　『オッペンハイマー』は、アメリカでの興行が3・25億ドルなんですけど、全世界で約10億。『オッペンハイマー』のヒットは全世界規模なんですよ。『バービー』と『オッペンハイマー』の世界的ヒットで、既に日本が世界のエンターテイメントから取り残されていることがよくわかると思いますよ。『オッペンハイマー』はアメリカン・ヒーローを描いたから当たったんだと言ってるひとは大ハズレですね。60％以上海外興収だから。これは完全にクリストファー・ノーランのブランドパワーだと思います。

宇野　個人のパワーが増幅してるというのは音楽業界でもあることですね。今年はテイラー・スウィフトとビヨンセのツアーだけは、限りなくリセールの金額が上がっていて。昔だったらそのちょっと下にいたような人たちの動員が落ちてるんです。映画だと多分トム・クルーズ、クリストファー・ノーランみたいなところのパワーがどんどん増えてる。これはある種ディストピアチックな話でもある気もします。

町山　でも、トム・クルーズは大きく失速しました。『ミッション：インポッシブル／デッドレコニング』の全世界での興行収入は5・67億に終わりました。制作費が2・91億ドルなので採算分岐点を製作費の3倍とすると8・73億なんですが、とても足りない。続編の製作費が大変かと思います。

宇野　確かにそれはやばいですね。日本だと50億円はいってて、現在の日本における外国映画の状況を考えると十分にヒット作ではあるんだけど、『トップガン マーヴェリック』のような盛り上がりではなかった。

町山　『デッドレコニング』は特にアメリカでのコケ方がひどくて、世界の興行収入上では8位に入ってるんですけど、アメリカ国内では12位なんですよ。

宇野　フランチャイズものといわゆるスタンドアローン作品で明暗ができたということでもありますよね。

町山　フランチャイズ作品で当たったのは『ガーディアンズ』と『スパイダーバース』ぐらいですね。あ、あと『ジョン・ウィック』。謎のフランチャイズ（笑）。あとは全部コケですね。

宇野　『ガーディアンズ・オブ・ギャラクシー：VOLUME 3』以外のマーベル作品のコケ方が凄まじいですよね、

クリストファー・ノーランというブランド

町山　クリストファー・ノーランが、一時のマーベル作品的になってる気はするんです。ノーランって聞いただけで何かすごそうだという。驚いたのは『オッペンハイマー』の興行成績が公開後になかなか落ちなかったこと。僕は急降下すると思ってたんです。公開される前にはスペクタクルがあるとみんな期待してたのに、実際はない。ほとんど会話劇なんです。

宇野　『テネット』的な派手なシーンはないんですね。

町山　原爆実験のシーンも、オッペンハイマーと科学者たちが遠くにある塹壕の内側から見た映像しかないんです。難しい話で意味わかんなかったって普通ならドロップするはずなのに、しなかったんですよ。みんなどうしたかというと、1回見ただけだと登場人物50人が理解できないから、勉強してもう1回見に行く。

宇野　ああ、そうなんだ！

町山　うちの近所の夫婦が観て、奥さんは「全然つまんなかったー！」って言ってて、旦那さんは「1回観てわからなかったから登場人物のことを勉強して、セリフの意味も予習してもう1回観てみたら面白かった」って言ってるの。真面目なアジア人（笑）。

宇野　ちょっと難解なやつはリピーター需要をつかむとでかいってのはあるかもしれないですね。

町山　僕も登場人物について勉強してから観直したら面白かったです。ディテールが全部パズルみたいに繋がって。オッペンハイマーは、天才だけれども繊細な人として描かれています。物語の真ん中へんで原爆投下があって、あとはずっとオッペンハイマーが原爆を作った罪悪感で憔悴していくんですね。

宇野　そこからが長いんですね。

町山　さらに共産党のスパイだと追及されていきますが、その聴聞会でも、気が弱い感じで、「いや……本当に……失敗したと思います……」とかね。ヒーローでも何でもないんです。彼に原爆を開発させた軍人レスリー・グローヴス（マット・デイモン）がまた頼りない男でね。一緒に原爆を開発した仲間なんだから、オッペンハイマーを守るべきなのに、スパイ容疑で追及されると、「いや、そうかもしれませんね」みたいにオッペンハイマーを守らない。ノーランの映画に出てくるマット・デイモンはいつも卑怯者。まあ、とにかく『キラーズ・オブ・ザ・フラワームーン』に似てるんですよね。レオナルド・ディカプリオ扮する意思の弱い男が、ロバート・デ・ニーロ扮する黒幕にけしかけられて次々に殺人を犯してしまう。『オッペンハイマー』はそれとよく似た話。

宇野 でも、さすがに『キラーズ』のディカプリオほど馬鹿ではないでしょ（笑）。

町山 オッペンハイマー、けっこう馬鹿なんですよ。ニューメキシコの秘密実験施設で原爆を開発してる最中に元婚約者のジーン・タトロック（フローレンス・ピュー）から連絡があって、「彼女、自殺するんじゃないか」と慌てて、奥さんいるのにサンフランシスコに会いに行っちゃう。会ってセックスまでしちゃって（笑）。それが全部、アメリカ政府に盗聴されてて。タトロックは共産党員だったので。オッペンハイマーは原爆開発のデータをタトロックを通じてソ連に流したんじゃないかと追及されていく。で、オッペンハイマーは奥さんのエミリー・ブランドにあんた馬鹿じゃないのって叱られる（笑）。オッペンハイマーは、いろんなとこで迂闊。勉強はできるんだけど、精神は子供みたいな人物として描かれます。でもそんな映画が大ヒット。

宇野 ノーランの超ブランド化というのは腑に落ちる感じありますね。

町山 ノーランはずっと、「俺の映画はイベントなんだ」ってパブリシティを仕掛けてきたけど、それがうまく機能したと思いますよ。

宇野 そう考えると大勝利じゃないですか。スコセッシもそうだけど。ここ10年くらい続いてきたスーパーヒーロー映画と大物の映画作家の対立でいうと、映画作家が勝ったってことですよね。

町山 僕が中学の頃はスティーヴン・スピルバーグがどんな俳優よりもスターだったんですけど、ノーランはそれに近いと思いますよ。先日、ニューメキシコにある最初の核実験、トリニティ実験場に行ったんですよ。そしたらオッペンハイマーのコスプレをしてる中学生がいまして。なんでそんな格好してるの？　オッペンハイマーが好きなの？　って聞いたら、「そうじゃない。ノーランが大好きなんです」と。お母さんに手伝ってもらいながら『オッペンハイマー』ゆかりの地を全部回って、全てのシーンをリクリエイトとしているんだと。中学生がノーランを本当にヒーローとして崇めてる。まったく現代のスピルバーグだと思います。

マーベル映画の今後

宇野　なるほどね。マーベルは最近だとトニー・スタークやナターシャ・ロマノフを復活させるみたいなことまで俎上に乗っけていると言われていて、早速スカーレット・ヨハンソンに「私はゾンビじゃない」って冗談にされてましたけど、ここから復活できますかね。

町山　いやあ、僕も『マーベルズ』観に行こうと思ったんですけど、『ミズ・マーベル』を観てないから躊躇しちゃうんですよ。

宇野　『ミズ・マーベル』を観てないと、『マーベルズ』はちょっとノレないでしょうね。

町山　ディズニープラスも巻き込んだ巨大なシネマ・ユニバースによって、ディズニープラスの会員数も上げて、映画館でも大ヒット、という計画だったみたいですが、完全に失敗した。みんな配信を全部観てるほどそんなに暇じゃなかった（笑）。僕みたいに映画観るのが仕事の人間ですら観るのが追いつけないんだから普通の人は絶対ついていけない。

宇野　僕もテレビシリーズは『シークレット・インヴェイジョン』で脱落しました。パンデミック期の撮影だからということもあったんでしょうけど、特にフェイズ4の『ソー：ラブ&サンダー』あたりから、リアルワールドと宇宙空間とか仮想空間みたいなもののバランスが崩れて、グリーンバックやLEDスクリーンの前で顔芸やってる役者を延々見るみたいな感じになっていて、もうちょっと映画としては見てられないというのはあります。しかも、そこで重要になってくるCGのスタッフとは労働問題まで起きていて。脚本もそうですが、作品のルック自体、確実にクオリティが落ちてる。

町山　全部観てないと楽しめないかも？　って、一見さんお断りみたいなプレッシャーを与えてるのも失敗。ディズニーでいうと、『インディ・ジョーンズ』も、フランチャイズとして完全に終わりましたね。

宇野　あれも映画でそこそこ当たれば、ハリソン・フォードは今回が最後にせよ、ディズニープラスでかつての『ヤング・インディアナ・ジョーンズ』みたいな新しいやつをやろうという魂胆だったと思うんですけど、インディ・ジョーンズ自体を自ら終わらせてしまった。

町山　ものすごいコケ方ですよ。インディって製作3億ドルなのに、全世界のチケット売り上げが3・8億。

宇野　『ミッション』『インディ』の大コケが突きつけたものについて、映画業界は考えないといけないですね。

町山　トム・クルーズが僕と同じで61歳でしょ。で、ハリソン・フォードが81歳。それ単なるおじいちゃんだから（笑）。20代や10代の人が、60歳とか80歳の人の映画を観にいきますかね？　作ってる側は、自分たちが子供の頃に観たからみんな観たいだろうと思ってるんだろうけど。たとえば、『許されざる者』（92年）に出た時のクリント・イーストウッドが62歳ですよ。イーストウッドはヨボヨボの老人というギミックだったんだけど、トム・クルーズ、来年62歳だけど、老人役じゃないですよ。トム・クルーズも自分はすごいマネー・メイキング・スターだと思ってるかもしれないけれども、若い人にとっては多分俺が子供の頃のジョン・ウェインみたいなもんだと思うよ。

宇野　マーベル映画の凋落も、あれはミレニアム世代コンテンツだったということで、もはやそこの層の年齢がみんな上がってきて、下の世代はあんまり興味がないというのが背景にあって。それをわかっててマーベル側もどんどん若い女性のヒーローなんかを供給していくんだけど、それが全く響いてないというのが、今回の『マーベルズ』で証明されてしまった。

町山　例えば西部劇って伝統的に昔からあるとみんな思ってるけど、実は西部劇の黄金時代って20年間ぐらいなんですよ。ジョン・フォードが１９３０年代終わりに傑作を作って、1950年代にいっぱい傑作が出たけど、60年代初めにはもうブームは終わっちゃう。ジャンルとして飽きられちゃったんですよ。

宇野　スピルバーグも言ってましたよね。スーパーヒーロー映画は現代の西部劇みたいなもんだみたいな。

町山　西部劇も流行ったけども、25年ぐらい経ったら見なくなる。もう飽きたから。新しいコンテンツ、新しい枠組みが必要で、スーパーヒーロー映画も最初は斬新だったと思うんですけど、サム・ライミの『スパイダーマン』（2002）から20年ぐらい経ってるんじゃない？

宇野　そうですね。

町山　だったらジャンルとしてもう終わる頃でしょ。それは、マーベルの責任ではないと思う。『スターウォーズ』もディズニーがフランチャイズにして一生食っていけると思ったら全然いけなかった。多すぎて追いつけない。どんなジャンルも始まりがあれば何でも終わるんです。だって俺なんて「ロックンロールは死なない」と思ってたら、最近、ロックってほとんど終わってんだもん。

宇野　アメリカでは特にね。

町山　ロックに若い人が興味ないから、ギターが全然売れない。ギブソン潰れるわけですよ。

宇野　音楽は音楽という枠組みの中で新しいものに変わっていくけども、映画に関してはマーベルやスターウォーズがもう賞味期限となったときに、映画という枠組み自体も産業的には足場が危うくなるじゃないですか。もちろん『バービー』みたいな突発的なヒット作は今後も出るとは思いますけども。

ストライキの影響

宇野　ストライキの話にも繋げたいと思うんですけど、僕は今回の脚本家と役者のストライキを見ていて、主張は全部わかるし、労働者の権利は守られるべきなのは大前提なんですけども、結局作品数が減ってく方向に行くだけだろうなと。つまり、現状食えてなかった人はさらに苦しくなるだろうな、という見方をしてるんです。映画産業自体がこれから大きくなるとは思えないじゃないですか。

町山　作品数は来年から急激に減ります。プロデューサーが、減らすことでコストを削減するって言っちゃってるんで、減ることは確実です。

宇野　１本あたりの作品の分配がフェアになったとしても、そもそもの母数が減るんだから、金が回らない。

町山　今回のストライキの締結で、配信会社が今までコストとして算入してなかった経費を全部払うことに決まったんでね。配信数による分配ですけど。それを払わなかったからネットフリックスはあんなに儲けてたわけで、それを払ったら全然回らないんですよ。

宇野　ネットフリックスは早くも映画作品に関しては選択と集中みたいなことを言ってます。一方で『イカゲーム』のリアリティショー版を作ったりとか、映画やテレビシリーズじゃないコンテンツにお金を回す。

町山　『イカゲーム』は、韓国の制作会社がネットフリックスに対して、どのくらい視聴数があったのか明らかにしろと、そして、その分配を払え、払わないなら続編を作らないぞ、と、ストライキみたいなことをして、あれがきっかけでしたね。

それと別に、ハリウッドのメジャー映画会社の数は減るでしょう。これから数年間かけて。

宇野　作品の数どころか、会社の数自体が減っていく。なるほど。

町山　統合されるでしょう。特に、ユニバーサル、ワーナー、パラマウント。これは映画のせいじゃなくて、三社ともバックにテレビ局があるからです。パラマウントはＣＢＳ、ユニバーサルはＮＢＣと、コムキャストという、ケーブルテレビの最大手。ワーナーはタイム・ワーナーグループ、ＣＮＮとかＭＴＶとかケーブルの有料チャンネルＨＢＯとか。で、今、アメリカではインターネットのせいで、テレビを見ない人がどんどん増えている。ケーブルもみんな解約してしまったし、広告収入も史上最低に落ち込んでいる。だから、この3社は崩壊するでしょう。ユニバーサルもパラマウントも一応配信やってるんですけど全く採算が取れてません。

宇野　日本で展開ができてないのがその3社で、ワーナーのHBOはU-NEXTと提携してますけども、配信される作品は限定的。あとはピーコック（ユニバーサル）とパラマウントプラスですよね。パラマウントプラスの作品はWOWOWが扱うことになりましたが、結局その3社はグローバル展開もできてない。

町山　アメリカは2000年代の初めにピークTVと言われて、ケーブルで100チャンネル以上あって、ものすごい数の番組が作られていました。料理チャンネルだけで10局、日曜大工チャンネルだけで10局みたいな状況でしたが、全部ネットにとって代わられてしまった。ディズニーも最も収益の大きかった部門であるスポーツ中継チャンネルのESPNを手放すって言ってます。ワーナーを支えていたHBOもスポーツの有料放送が売りだったけど経営がガタガタ。そんな感じでテレビに支えられていたハリウッドの映画会社は統合せざるを得ないと思います。

宇野　自分は今、日本でWOWOWみたいな昔からやってるところを含めると7社くらい、音楽やスポーツも入れると10社くらいとサブスクリプションで契約してるわけですよ。統合が進むとそれらが整理されるわけで、そう考えると悪いことばかりじゃないと思ってしまう（苦笑）。というか、今の状態が絶対に異常なわけで。

町山　ワーナーのMAXなんか今月は1本も見てないですけど、毎月の契約料払ってるから馬鹿馬鹿しい。これにさらにアップルTVとアマゾンがあるんだもん。僕は仕事だから経費で落ちるけど、普通の人はキツいと思いますよ。

配信作品の劇場公開

宇野　リドリー・スコットやスコセッシはアップルで映画を作っている。ネットフリックスは最近だとフィンチャーの

『ナポレオン』
配給：ソニー・ピクチャーズ エンタテインメント
12月1日(金)より全国の映画館で公開

『ザ・キラー』とブラッドリー・クーパーの『マエストロ』とか、ああいう賞狙いの大きめな作品をこの時期に映画館で2週間だけやってから配信する。そういう映画作家と各プラットフォームとの新しい関係も常態化した感じですよね。

町山　『マエストロ』は観たんですけど、大スクリーンで観るための画面設計なので驚きました。とんでもないロングショットで人物が小さく映ってて、これ、自宅のテレビじゃ見えないですよ。

宇野　作り手側の抵抗もあるんでしょうね。製作費は出してもらうけど、こっちは劇場映画のつもりで撮るぜっていう。

町山　『マエストロ』は、ものすごい引きのシーンと、ウルトラクローズアップのどっちかしかないっていうセルジオ・レオーネみたいな映画でした。監督もしているブラッドリー・クーパーがレナード・バーンスタインを演じる伝記映画ですが、バーンスタインは天才指揮者で作曲家だけれども、いろんな男とセックスしまくってる。それをキャリー・マリガン扮する奥さんはわかってるんだけど、つらくて……。でも夫婦愛は誰よりも深くて、という話。バーンスタインをモデルにした『TAR』は、ドロドロをやったけど、『マエストロ』は綺麗ごとにしてます。逆の順番で公開すればよかったのにね。バーンスタインで最も知られた傑作は『ウェストサイド物語』だけど、この『マエストロ』にはバーンスタインの仕事はほとんど語られない。家庭における彼を奥さんや娘の視点から描いている。

宇野　『ナポレオン』は劇場版が2時間38分で、それとは別に4時間半バージョンがあるらしいんですけど、アップルTV+ではそのバージョンも配信されるかもしれないと言われてます。この対談のタイミングで、アップルは『キラーズ・オブ・ザ・フラワームーン』も『ナポレオン』も配信日を発表してなくて、それもあってかどちらも映画館にちゃんと客が入った。2023年の段階では、ひとまず、映画についてはネットフリックスよりもアップルの方が正しい方法論を導き出したと言える。もっとも、アップルTV+は契約者が少ないから、みんな映画館に行くしかなかったのかもしれませんが。劇場版では、妻のジョゼフィーヌとの関係が中心になっていて、そこまでスペクタクルがすごいわけではない。

町山　『マエストロ』と似てますね。

宇野　アップルTV+版で戦闘シーンが増えてたら「それ逆じゃね?」って思いますけど(笑)、どうやら4時間半バージョンではジョセフィーヌの過去を掘り下げているらしいです。

町山　『マエストロ』でバーンスタインの音楽家としての才能を見せるのは、1ヶ所だけ。マーラーの『復活』を熱狂的に指揮するブラッドリー・クーパーのパフォーマンスがすごいんだけど、それ以外はカミさんの前で若い男といちゃいちゃしたり。

宇野　たまに配信映画について勘違いしている人がいるんですけど、基本的にこれまで映画を撮ってきた監督は配信映画でもテレビで見られることはあまり考えず、スクリーンで上映されることを前提に作ってますよね。でも、配信時代になってから、結果的には配信にいかなかったノーランやタランティーノのような監督のブランドが上がっている。

町山　ジョーダン・ピールも、スクリーンで上映することを特化して考えないと、この時代に映画監督としては生き残っていけないと言ってましたね。ノーランももちろんそうだし、『マエストロ』も完全にスクリーンで上映するために作られてる。ネットフリックスなのに。

宇野　ネットフリックスやアップルではなく、メジャースタジオのオリジナル作品として巨額の製作費を調達できるノーランがいかにすごいかってことですよね。

町山　ノーランは今、やりたいことは何でもできる人になってる。1回ぐらい失敗しても別に怒られないでしょう。ノーラン、変な人ですよ。『インターステラー』の極寒の惑星の戦いのシーンはわざわざアイスランドの山に登って、本当に酸素が薄くて零下何十度のところで撮影してるんですけど、そんなことしても画面には映らないでしょ、って言ったら、「いや、必死な感じ、本当に死にそうな感じが出てるんだよ」とか言って。

宇野　今の時代、そのやり方が許される監督がどれだけいるかという（苦笑）。

町山　ノーラン以外の人が言ったらそんなの人権蹂躙だって言われる。

宇野　まずアクターが監督のファンじゃないと許されないですよね。

町山　『オッペンハイマー』も本質的にはノーラン自身の話でしたね。すごいお金をもらって好きな実験をしていいって言われる男の話。ノーランはオッペンハイマーみたいに後から反省してはいないんだろうけど。

宇野　これだけ当たっちゃったら反省のしようがないですよ。これから観るのが楽しみになりました。見方がわかりましたね。

町山　あと、昔愛した女ないし妻が死ぬって点まで過去のノーラン映画と同じでしたね。

イスラエルとハリウッド

宇野　最後にイスラエルとハマスのこの国際情勢の中におけるハリウッドについて。ハリウッドはユダヤ系の人たちが多いし、実際にイスラエルに対して多額の資金提供をしているメジャースタジオもあると言われる中で、どういう影響があるのか、おうかがいしたいなと。

町山　まずテロがあってすぐの段階で、イスラエル系の俳優たちがコメント出しましたよね。ガル・ガドットとか。

宇野　タランティーノがテロが起きてすぐにイスラエル軍を激励に行ってましたよね。彼はいまイスラエルに住んでるんですよね？

町山　奥さんがイスラエル人なんで、イスラエルとアメリカを行ったり来たりです。彼は結婚するためにユダヤ教に改宗したんですよね。イスラエルの問題とか、ユダヤ教問題には全然興味なかったんですけど。たまたまイーライ・ロスと友達になってからユダヤ人について彼のお父さんから聞いて学んで、いつの間にかイスラエル人と結婚するところまで行きました。それよりもネイティヴ・アメリカンの映画作れよと思いますけどね。自分がそうなんだから。

宇野　確かに、次が監督引退作ですが、結局彼はそこに行かなかったですね。

町山　ただ、最初イスラエルを応援してたハリウッドの親イスラエル勢力は、バックラッシュされたですね、アメリカではね。

宇野　アメリカでも。

町山　ガル・ガドットはハマスのテロがいかにひどかったのかという、実際のテロをスマホとかで撮ったシーンをたくさんまとめてハリウッドで試写会みたいのをやりました。今イスラエルが悪く言われてるけど、イスラエルもこんなにひどいことをされたんですってプロパガンダをやったんです。そしてSNSに「イスラエルによる虐殺もひどいけど、ハマスによる虐殺もひどい。これは同じことだ」と書き込んでから削除しましたね。

もともと、ハリウッドのユダヤ系はリベラルで反イスラエル的なんですよ。ハリウッドでホテルとかカフェとかに行くと、ユダヤ系のための英語新聞や雑誌がいっぱい置いてあるけど、読んでみると、ネタニヤフに対して辛辣。ナタリー・ポートマンはもともとイスラエル国籍だけど、ヨルダン川の西岸のイスラエル支配に反対もしてた。

宇野　一概にハリウッドはユダヤ系が多いからイスラエル寄りというのはすごく雑な見方だし、ユダヤ系の人だけの人たちも全然一枚岩じゃない。むしろそういうリベラル寄りの人が多いというのはニュースでも伝わってくることがありますよね。

町山　スピルバーグは映画『ミュンヘン』でもイスラエルのやり方を批判してました。スピルバーグは確かにイスラエル政府に莫大な寄付をしているけど、それによってイスラエルへの発言力を持っている。タニマチとして言いたいことを言う。

あと、ハリウッドのスターたちが2，000人以上の署名を集めてバイデン大統領に対してイスラエルのガザ攻撃をやめさせろという書簡を出しましたね。署名したのはティルダ・スウィントン、ジェニファー・ロペス、ゼイン・マリク、ベラ・ハディッド、ベン・アフレック、ブラッドリー・クーパー、チャニング・テイタム、ドレイク、デュア・リパ、ホアキン・フェニックス、ジョー・アルウィン、クリステン・スチュワート、マイケル・ムーア、サラ・ジョーンズ、ジェシカ・チャステイン、ジェレミー・ストロング、マーク・ラファロ、アンジェリーナ・ジョリーとかですね。

宇野　ただ、内実はそれだけ込み入っているにせよ、イメージとしての親イスラエルというので、反米感情みたいなものが今後ハリウッド映画のグローバル展開においては足かせになってくる。

町山　ハリウッドの映画産業は生まれた時からグローバリズムで稼ぐ業界ですから、今のような世界の分断はいちばん困る。２０１０年代は中国でハリウッド映画が公開されるようになって、映画の世界市場が2倍に拡大して、莫大な利益をあげたのにね。

『サウスパーク』でも揶揄されてましたけど、ハリウッド、特にディズニーは中国をマーケットとして意識しすぎた。『ムーラン』では中国で公開するために妥協に次ぐ妥協で親孝行の話に変更して、やっと公開したら中国で大コケ。その次の『シャン・チー』は中国で公開すらできなくて。

ロシアのウクライナ侵攻もハリウッドには大きな痛手ですね。あれからロシアではもうアメリカ映画は公開してないですから。一時は『ダイ・ハード』を完全なロシア映画として作ったほどなのにね。

宇野　面白い話で、ロシアでは20分くらいの短編映画の上映で、その併映として『オッペンハイマー』の海賊版をこっそり上映してたらしいです。短編を観に行くと『オッペンハイマー』が観れるという裏マーケットみたいなのが。

町山　形だけ（笑）。『ワイルド・スピード』はアメリカよりも中国で当たってるんですよね。途中から中国が製作費まで出した。アメリカでコケても中国で当たれば採算取れる。今ディズニーで待機してる『猿の惑星』の続編も中国向けですよ。

宇野　あれはトレイラー見ても全然そそられなかったな。

町山　『猿の惑星』シリーズは物語としては完全に、見事に完結したんですよ。でも、中国で当たったから続編作る。中国人は孫悟空が好きだから猿が大好きなんだよね。

宇野　今年も『MEG ザ・モンスターズ2』とかはありました、久々の米中合作。

町山　怪獣が好きなんだよね、中国人。ゴジラもウルトラマンも大好き。ゴジラのレジェンダリー・ピクチャーズなんて、中国の会社になっちゃった。どんだけ猿だのゴジラだのが好きなのか——あ、ドラゴンだからだ！

宇野　ああ、そうですね（笑）。

町山　それでいて『バービー』も当たる。民度が高いのか低いのかよくわからない（笑）。

宇野　『バービー』は保守的な人でも見れる絶妙なラインだっ

た。ハイコンテクストではあるんだけども、観客それぞれがそこで見たいものを受け取れる異常に精密な作りだった。

町山　真意が巧みに何重にもレイヤーになってよくわからなくなる。

今ハリウッドは世界がバラバラになりつつある中ですごく減収してるけど、テレビの崩壊の方が早い。ＤＶＤ終わったし。映画はまだ続きそう。いちばん古いのに。

宇野　来年の『バービー』や『オッペンハイマー』が何になるかわからないですけども、来年以降もきっと数本の大ヒット作が産業を支えるって状況は続くでしょうね。

スフィアの可能性

町山　ただ、僕は映画には突破口があると思ってるんですよ。こないだスフィアという球体劇場をラスベガスに見に行ったんです。

宇野　Ｕ２ですね。

町山　Ｕ２のコンサートが一旦終わって、今はダーレン・アロノフスキーが監督したドキュメンタリー映画を上映してます。世界最高の画質といわれるスフィア専用カメラで撮影した地球の素晴らしい風景を集めた映画ですね。僕はスフィアは映画興行を変えると思ってるんですよ。

宇野　けどスフィアの箱じゃなきゃ駄目じゃないですか。

町山　小さいスフィアを世界中に増やしていく計画らしいです。二つ目はロンドンに作るんですって。

宇野　それ、却下されたらしいですよ？　そのニュースに大勢のロンドナーが喜んでいるのを見ました。英国人気質というか（苦笑）。

町山　あ、そうなんですね。でも、とにかくスフィアは画面のリアリティがすごいです。ＩＭＡＸで『オッペンハイマー』を70ミリで上映したときに、「ここまで画面の密度がすごいとメガネなしでも立体に見えます」って宣伝してたんですが、スフィアはそれを超えてます。解像度も16Kで一秒間に60フレーム数ですよ。U2のコンサートで途中で画面いっぱいに砂漠がぱっと映ったんでが、本当にドームが開いて砂漠が広がったようにしか見えないんです。今度UFCなどの格闘技やボクシングもスフィアで見せていくそうです。

宇野　どんなのかちょっと想像できない。

町山　多分リングにいる感じになるんでしょうね。僕はスフィアにはエンターテイメントの可能性を見出してます。これは自宅では絶対にできないシステムだから。ハッブル天文台で宇宙の映像を撮ってスフィアで上映したら、キューブリックが『2001年』でやろうとした宇宙旅行の体感が本当にできるんですよ。

宇野　ゴーグルとか一切必要ないですもんね。この間東京国際映画祭でびっくりしたのは、3Dの作品があって上映しようとしたら『アバター2』の後、TOHO系の映画館ではみんな装置を撤去しちゃったらしいんですよ（笑）。現状、日本最大の映画チェーンで3Dはもう上映できない。今度やるとしたら新しい機材を導入しなきゃいけないらしくて。VRのゴーグルも、販売から10年近く経っても全然普及しないじゃないですか。自分もそうですが、人は何かを見るために顔に何か装置をつけるのがいやなんですよ。

町山　スフィアはゴーグルがなくても立体に見えるんです。現実と見分けがつかない。ダグラス・トランブルがずっとやろうとしてたショースキャン以上のものです。これでドラマを見せることで、まだまだ映画は続くかもしれないなと思いました。

宇野　うーん。それはもはや映画じゃないような気もしますが（苦笑）。

ただ走る映画――『レッド・ロケット』

上條葉月

家とドーナツ屋をママチャリで往復する。それだけの単純な運動さえ映画になる、それが本作だ。

物語は至ってシンプル。落ちぶれたポルノ男優マイキーが身一つでバスに乗って地元テキサスに帰ってきて、再び身一つでバスに乗って去っていく、それだけだ。登場した時のマイキーが持っていたのは、都会へ出て一度はポルノスターとして名を上げたという自惚れと22ドルだけ。田舎の妻の家へ帰ってきても、なんとかゴマをすって居座り、大麻をさばいて生活することしかしない。そんな中で、ドーナツ屋のアルバイト美少女ストロベリーに出会い、彼女とヤルため、そして彼女をポルノ業界に取り込んでポルノ業界に返り咲くことに期待をかけて、日々自転車でドーナツ屋に通うようになる。

この映画の主役は、16㎜で撮影された、ザラザラしたテキサスの工場地帯の風景自体でもあるだろう。この映画を観た後で、「アメリカでは郵便番号で人生が決まると言われている」、という話を聞いた。工場の煙と同じく、ショッピングモールも、アメリカ国旗やドナルド・トランプの映像もまた、彼ら現代テキサスに生まれた人々の人生の風景の一部として映し出される。テキサスを背景に描いたマイキーの人生を映画というより、マイキーを中心としたテキサス工場地帯の風景映画のようでもある。

マイキーたち登場人物の人間性は、彼らが話す言葉や、日々の行動、振る舞いを通してのみ映し出される。彼らが街の風景の一部のように感じるのは、この映画のマイキーが最初から最後まで何も変わらないからでもある。そこに彼の過去や未来は描かれない。田舎の町に帰ってくる物語だからといって、捨ててきた過去を省みたり、家族とやり直したり、みたいな葛藤は一切ない。バスを降りた瞬間と同じ人間のまま、バス代だけで町を出ていく。ラストに現れたストロベリーが現実なのか彼の期待や妄想なのかはわからないが、たとえ彼が一人でバスに乗ろうとも、二人一緒に出て行こうとも、何も変わっていないマイキーが今度こそうまくやれるなんてきっと誰も思わないだろう。

マイキーはロクでもないクソ野郎だが、彼以外の周囲の人にしてもたいがいロクでもない。依存症の元ポルノ女優でマイキー同様に口の悪い妻、金で態度を変える義理の母、マリファナ家業で稼ぐ友人一家、元軍人と偽って軍服を着る隣人、彼氏を放り出して「都会から来た業界人の年上の男」というだけのマイキーにホイホイと入れ込むストロベリー。マイキーだけでなく、周囲の人間も、誰一人として成長なんかせず、それぞれが自分のぱっとしない日常を日々こなしている。

この映画の魅力は彼が物理的に走り回ることが周囲の人を動かし、事件を起こし、物語の原動力となっていることだ。この映画が描くのは彼がテキサスに滞在した時間だけ。彼は車や自転車で、そして最後には全裸で、とにかく町を走り回る。彼が走り回ることでカネが生まれ、彼が走り回ることで情事が始まり、彼が走り回ることで大事故が起こるのだ。本作はA24配給の作品だが、そこがA24を始めとした近年のアメリカ映画の話題作たちとは異なる趣向の映画であるようにも思う。この映画には変えられない現実を変えてゆくための並行世界=今・ここではない場所は存在しないし、変えられない現実や過去に向き合うことで現実の代わりに主人公自身が変わったりすることはない。彼の行き当たりばったりな行動や口から出まかせの言葉が、わずかながら

も現実を共に生きる人々を動かし、みっともないけど切実な物語が生まれていくのを描いているだけだ。それこそ、彼の生きている風景を捉えているだけかのように。

自分のことしか考えていなくても、生きている限りそれは少なからず現実社会に関与することであるし、感傷や苦悩、精神や内面の変化がなくても現実は少しずつ動いてゆく。目に見えない人間の内面を語らなくても、一つの町で一人の人間が欲望のままに駆け回っているだけで、一つの映画になってしまう。マルチバースや回想の世界でどれだけ大きな出来事が描かれても、それは今ここにある現実自体の変化ではない。それよりも、つまらない現実世界にしがみついて生きる姿を豊かに描くことのほうに私は愛おしさを感じる。映画は運動である。何も考えていないような単純な繰り返しにも、ただ同じ場所を走り続けるだけの日々の中にも、物語はあるのだ。

『レッド・ロケット』
監督　ショーン・ベイカー
脚本　ショーン・ベイカー、クリス・バーゴッチ
撮影　ドリュー・ダニエルズ
美術　Stephonik
出演　サイモン・レックス、ブリー・エルロッド、スザンナ・サン

Blu-ray & DVD 好評発売中
発売・販売：株式会社トランスフォーマー
© 2021 RED ROCKET PRODUCTIONS, LLC ALL RIGHTS RESERVED.

#MeToo ムーヴメントに連なる重要作——

『私はモーリーン・カーニー 正義を殺すのは誰？』

児玉美月

２０２３年はまず1月にカタルシスを生起させながらハリウッドの有名プロデューサーであるハーヴェイ・ワインスタインによる性暴力およびハラスメント事件の真相を明らかにしてゆく『SHE SAID／シー・セッド その名を暴け』、６月には実際にボリビアで起きた性暴力事件を巡って村に住む女たちが「何もしない」か「残って闘う」か「出て行く」かを決めるための議論を展開してゆく『ウーマン・トーキング 私たちの選択』と、映画プロデューサーを夢見て就職したばかりのある女性の一日の労働を淡々と追ってゆくことでハラスメントの起こる土壌を解明した『アシスタント』が日本で劇場公開された。

これらの #MeToo ムーヴメントに連なる映画はどれも重要作と評して差し支えないが、２０２４年を迎える前にここであえて触れておきたいと思ったのがこの『私はモーリーン・カーニー 正義を殺すのは誰？』だった。主演のイザベル・ユペールは同じく今年、フランソワ・オゾン監督作『私がやりました』にも出演。『私がやりました』は笑いを交えつつ #MeToo を軽やかに扱う遊戯性に溢れ、変化球の作品だった。ユペールの作品選定にも何らかの意識を感じると同時に、フランスにおけるフェミニズム映画の豊穣さと多様性を象徴する二作品でもあったように思う。

前述の作品に比べればさほど注目されていなかったように見えた『私はモーリーン・カーニー』は、仏総合原子力企業アレバ（現オラノ）社のCFDT（フランス民主労働組合連盟）代表を務めるモーリーン・カーニーという実在の人物が巻き込まれた2012年の性暴力事件を題材にしている。製作陣はカーニーに脚本を確認してもらい、彼女が納得するまで何度でも修正したという。その背景に、映画で描かれている個人の尊厳を踏み躙るような行為を繰り返さないという製作陣の強い意思もまた読み取れるだろう。

機密事項の内部告発者となったカーニーは、ある日正体不明の犯人に自宅を襲撃されて暴行を受ける。映画は病院で医師のすぐかたわら、診断の直後に真紅の口紅を引くカーニーの姿を印象的に映し出す。カーニーの診断書には「彼女は、レイプされた女性に見られる

反応を示さなかった」と記された。周囲はカーニーを「被害者に見えない」と誹り、性／暴力を訴えた彼女はそれが斥けられるのみならず、むしろ虚偽の罪で容疑者にさせられてしまう。

ユペールは過去にもゲーム会社に務める主人公が性暴力に遭う『エル ELLE』（2016）において「期待された被害者像」を脱臼させるような人物を演じていた。性暴力を受けたその後の反応はもちろん個人によるという普遍的な事実が忘れ去られ、被害者は必ず傷ついて憔悴状態にあるに違いないと決めつけられてしまう。口紅を引く――化粧や衣服で自らを飾り立てるという女性の行為が、そうであるとは限らないにもかかわらず、しばしば異性愛規範のもと男性に対する性的魅力のアピールと捉えられてしまう文化においては、より性暴力の直後には不釣り合と見做されうる。映画はこうした微細な描写を差し込みながら進んでゆく。

たとえばカーニーは「犯罪小説を愛好しています

よね？」と捜査機関から問われ、被害とはまったく無関係であるはずの趣味さえ関連付けられようとする。あるいは、「昔アルコール依存症だった」と精神的不安定さの根拠となりうるような過去を持ち出されて根掘り葉掘り聞かれる。そうして幾度となくカーニーの心をくじき、疲弊していった末に彼女は、「自分は正気ではなかった」と嘘の「自白」に至ってしまう。カーニーを取り巻く政治状況は特殊ではあるものの、性暴力から派生する二次加害がどのような構造によって被害者をさらに痛めつけてゆくのかを映画は丹念に抽出しているといえる。

　被害者を追い詰めてはならない――それはもはや改めて言うまでもない。問題なのはこの未成熟な社会が、どういった言動や振る舞いが実際に二次加害になりうるのか、その内情が具体性をもって理解されていないということであり、だからこそこの映画のようにひとつひとつを丁寧に掬い上げてゆく意味がある。ラストショットのユペールの凛とした睥睨は、ひとりの女性の潔白を証し立てるものであり、映画が俎上に載せた問いを観客へと正面切って投げかける覚悟を伝えるものでもあった。こうした映画が今後、日本映画からも出てくることを願いたい。

『私はモーリーン・カーニー』
監督　ジャン＝ポール・サロメ
製作　ベルトラン・フェブル
原作　カロリーヌ・ミシェル＝アギーレ
脚本　ジャン＝ポール・サロメ ファデット・ドゥルアール
出演　イザベル・ユペール、グレゴリー・ガドゥボワ、
　　　フランソワ＝グザビエ・ドゥメゾン、ピエール・ドゥラドンシャン

© 2022 Guy Ferrandis - Le Bureau Films

スクリーンの向こう側にも楽園などなかった――

『Pearl パール』讃

高橋ヨシキ

『Pearl パール』でまず驚かされたのは、物語上重要な仕掛けとして「スタッグ・フィルム」が登場したことだ。もちろん、前作『X エックス』（2022年）が1970年代末期のポルノ映画の撮影現場を舞台にしており、なおかつ題名の「X」自体が一義的には「成人指定 X rating」を指し示していたことを考えるにその判断はきわめて正しいわけだが、物語の構造とディティールがこれほど見事に融合しているさまには感嘆せざるを得ない。

「スタッグ・フィルム」というのは1910年代から1960年代にかけて製作された私家版のハードコア・ポルノ映画のことである。映画館での上映あるいは興行といったものと関係なしに存在した「スタッグ・フィルム」は、その意味でビデオ黎明期の「裏ビデオ」であるとか、それに先行する8ミリ自主ポルノ映画の原型ともいえる（後者は実質的に「スタッグ・フィルム」と見なして構わない）。このような映画は売春宿や男だけの社交クラブ、もしくは好事家の集まりで上映される「密かな愉しみ」であり、ほとんどの場合――有名人が関わっているらしい、というもっともらしい噂が流れることはあったとしても――出演者も製作者も不明である。『Pearl』とは位相が異なるが、やはりスクリーンの「向こう側」と「こちら側」が交錯するところで地獄がぽっかりと口を開ける『イナゴの日』（1975）では、ハリウッドの大物が催すパーティ会場で「スタッグ・フィルム」が上映される場面があった。1930年代ハリウッドを舞台にした『イナゴの日』は「映画」を取り巻く幻想がいかに人間を破壊するか、という部分において、またその幻想のヴェールの重層構造が物語の本質と結びついた作品でもあるため、『パール』を論じる上で参照すべき一本でもある。

1918年。主人公パールはテキサスの最果ての農場に暮らす若く美しい女性である。おそろしく抑圧的なドイツ移民の母親に命じられるまま家畜の世話をし、痴呆化し身動きもとれない父親の介護をするのがパールの日常である。夫は遠くフランスの戦場に旅立ってしまっている。抑圧の嵐の中で、行き場を失った彼女のリビドーが唯一開放されるのは「映画」という小さな窓を通じてのことである。その窓の向こうにはまばゆいばかりの自由と華やかさがある（はずだ）。その自由と華やかさは性的解放と結びついていなければならない。上映中の『クレオパトラ』（1917年）のポスターからこちらを見つめる元祖ヴァンプ女優セダ・バラの瞳がそう保証してくれているではないか。

たまたま知り合った映写技師の好意によって、パールは特別に「スタッグ・フィルム」を見せてもらうことになる。息を飲んでスクリーンを見つめるパールの視線に浮かび上がったのは『フリー・ライド A Free Ride』（一般に1915年の作品とされている）というアメリカ最古の「スタッグ・フィルム」である。パールは「スタッグ・フィルム」と「出会わなければならなかった」。なぜならそこには「映画」がメタファーでしか描かなかった「セックス」が赤裸々

に映し出されているからであり、スクリーンの向こう側に「本当に」放縦な性のワンダーランドが待ち受けているはずだ、というパールの妄想を確信へと導くものだったからだ。

「これって合法なの？」とパールは尋ねる。「行為はね、撮影は今のところ……アメリカでは違法ではない。いずれそうなるがね」という映写技師の返事はパールの質問と噛み合っていない。パールがここで質したのは「(女性が）リビドーを解放するのは『許される』のか？」という根源的な質問であり、であればこそ映画の後半、パールから立ち去ろうとして「君が怖いんだよ……」とつぶやいた映写技師を惨殺するのである。女性が性的主体となることが「怖い」とされるのなら、永遠に自分は抑圧のうちに留め置かれてしまう。その恐怖がパールを凶行に走らせる。何もない農場に、何もない人生に、何もない家に「留め置かれること」への恐怖とそれは完全に一致している。

それにしても、パールは「映画」に何を見出していたのだろうか？　彼女が夢中になっていたのは『パレス・フォリーズ』という架空のレビュー映画で、これはもちろん「ジーグフェルド・フォリーズ」に由来する。ブロードウェイで一斉を風靡したレビュー「ジーグフェルド・フォリーズ」の舞台が「映画」になったのはしかし、1929年になってからのことである（『A Ziegfeld Midnight Frolic』）。1918年当時、映画はまだサイレントだった。それゆえ『パレス・フォリーズ』の場面で聴こえる音楽はパールの脳内に響いていただけと見るべきである。実際の「サイレント」期の映画はオーケストラやオルガンなど様々な方法で豊かな音響が加えられていたが、パールが通う映画館にそのような設備が見当たらない上、かかっていた音楽がアーサー・フィールズの『Oui Oui Marie』（1918）の録音だったからである。さらにパールが受けたオーディションは巡回レビューのためのもので「映画」と直接結びついてはいない。パールの一世一代のダンスはパールの想像力の貧困さを余すところなく映し出して悲惨そのものだ。ニュース「映画」を観ていてもパールはフランスについて何も知らず、イメージできるのは荒れ果てた戦場とフランス国旗のトリコロールだけだった。一世一代のダンスのほとんどもパールの妄想でしかない。それが「映画」に本当に由来しているかどうかすら我々には知る手立てはない。時代背景を無視して1930年代ミュージカル映画風の音楽が添えられていたのも、それがどこまでも幻影に過ぎないという感覚を強くする。結局のところパールにとって「映画」は個々の作品ではなかった。それは「自由へ向かって開いた扉」という幻想、可能性、夢、何と言ってもいいが、パールが正気を保ち続けるため最後に残された光明だったのだ。

彼女が引き攣った泣き笑いを2分近くに渡って見せ続ける本作のラストカットが恐ろしいのは、自由と解放への道が完全に失われたことを知ったパールが自らを抑圧と恐怖のうちに留め置くというどす黒い決断を下したことがはっきりと見て取れるからだ。その意味で本作は構造的な抑圧の恐怖すなわち、それを内面化「せざるを得ない」状況そのもののうちに潜むホラーを描いた作品だと考えることができる。

ハラスメント加害者の視点——

『TARター』

戸田真琴

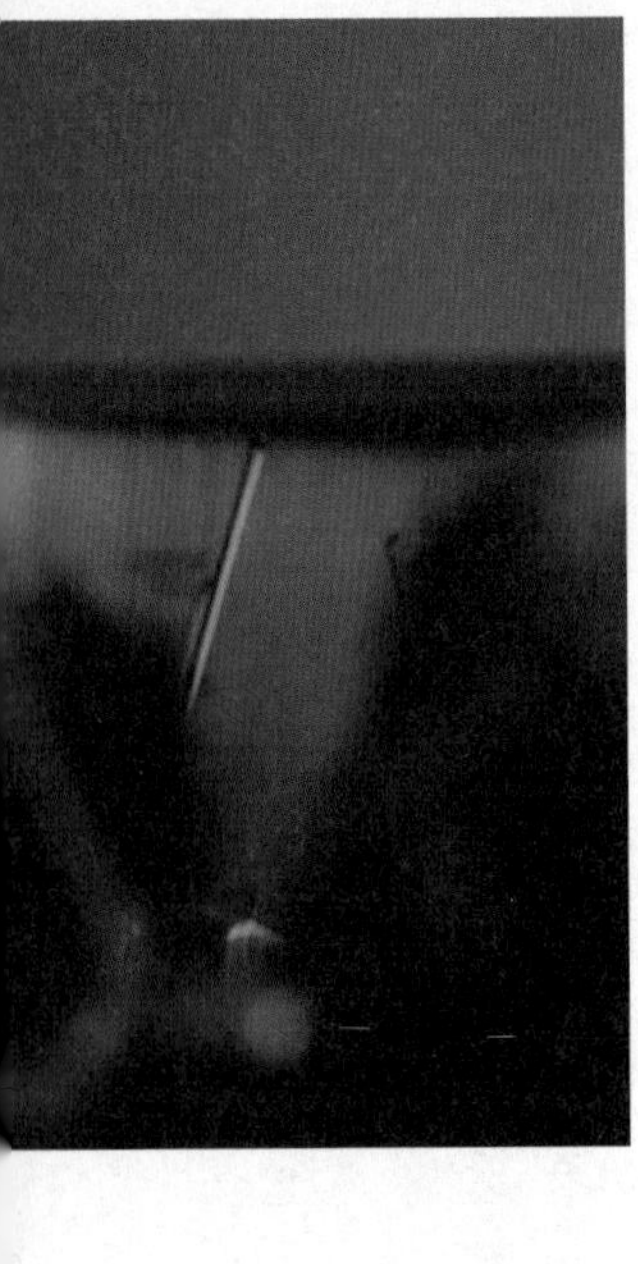

社会問題への視点を持ち、マイノリティの側に立って映画を作るとき、擁護したい対象のその人達は本当にその映画を見るだろうか？　味方にならなければならない人たちの中で、どれほどの人が、一度に2000円弱の金額と、2―3時間の余暇（映画館へのアクセスが悪い地域の人は丸一日かかったりする）そしてそれを受け止めて考える心の余裕を持ち合わせているだろうか。追い詰められて自死する寸前の人が映画館に行くだろうか。……万が一来てくれたときのために、あらゆる映画は本気で作られているべきである。それはもちろんそうなのだけれど、例えば映画がブルジョワジーの娯楽になったとして、ある意味ではそこで本領を発揮するであろう傑作が『TARター』だったと思う。なぜならこれは、権力を持ち、ハラスメント加害者足り得る人が見ればおそらく不可解で不気味なホラーとして映り、被害者経験がある人にほど謎の少

『TAR ター』Ⓒ 2022 FOCUS FEATURES LLC.

ないシンプルな話に見える、レンチキュラーのような映画だからだ。

今作はターという架空の人物の厳かな伝記映画のように始まる。指揮者として華々しい成功の最中にいる中年女性で、オープンなレズビアン。常に権力のある側として振る舞い、自分の成功に誇りを持っている。冒頭、長い対談シーンでは彼女のスタンスが得意げに語られていく。音楽という神に従うこと。彼女には、神がいる。どこかの宗教から借りてきた神ではない、自分自身の人生を司る、彼女にとっての「音楽の神」のようなものが。

ターが重ねるハラスメントは多岐に渡る。生徒の思想を全否定し、晒し者にして辱める。恋愛目的を含んで贔屓をし、出世のポストをちらつかせ団員をコントロールしようとする。出張にはお気に入りの若い女性を連れていき、妻のことを軽んじる。理不尽に解雇した元部下の悪評をでっちあげ、再就職先候補に送りつける。嫌がらせの果てに、一人の女性が命を断ってしまう。

完全に無害な人間などいないが、ターという人物像はフィクションの中で扱う範囲をいささか逸している。これが脇役ならばまだ適当な処理のしようがあるが、一貫してこの加害者の心理を目を離さずなぞり続けているのがこの映画である。しばしば、ホラーやサイコスリラーを思わせる演出がなされる。暗闇の中に被害者たちがいる夢や、あるはずのない廃墟。崩壊の予兆を直視できないままのターは、それでも悪夢にうなされ、幻にうろたえて怪我をする。それを「暴漢に襲われた」と言い換えて発表するところはミュンヒハウゼン症候群を思い出させる。加害者としての自己を認められず、被害者性を即席で身につけたいと思った結果だろう。まったくターの加害者性にピンと来ないまま観た場合を想定すると、これらの不気味な演出は、自死した元部下の怨念とも受け取れるだろう。だが、怨念とよばれるものこそ、本当は加害者の中に無自覚に巣食う罪悪感が見せた幻なのではないかとも思う。ターは、多くのハラスメント加害者たちと同じく、自分の心の声を聞き取るすべを持たない。惨めになることを避け、強者としての自分以外を認められず、罪に向き合えない。スタンスが一貫していて、だからこそ、転落することを防げない。崩れる崖から助かるには、この崖が崩れているのだということを認めないとありえない。

同年の『ザ・ホエール』が複雑な加害者——ナイーブで、同情や共感をする余地があり、だけれど拭いきれない加害の形跡がある、そんな人物の死を描いた。ギリギリのバランス感覚で作られた良作だった。一方で、ターの人生には終わりが示唆されない。物語が抱えきれない悪人を描いてしまったとき、死などで過剰に裁くことも、美化して罪を無化することも、どちらも逃げだと言える。今作の得難く優れたポイントは、あくまでこの人物に適切な罰が下されていると感じられるところである。傲慢さにも、性的な不道徳にも、それぞれ自分のしてきたことが返ってくるようにシーンが紡がれる。

賛否を呼んだラストについて、筆者はあれをアジア圏のゲーム音楽文化への蔑視だと捉えることも、純粋に音楽を楽しむ場所からやり直すといった楽観的な解釈にも、どちらもはっきりとは同意しきれない。あれはたしかにどちらでもあるのだ。ゲーム音楽文化はそれを楽しむ人たちにとっては素晴らしい。あの場の演奏者も観客も、誇りある、文化を楽しむ人達である。ただ、それを見下しているターにとってはこの展開が罰として作用するのだ。自分自身の思想が自分自身に罰を与える。そして、それは無自覚であったぶん、この後もしばらく続いていくだろう。ほんのひと匙の、憧れた指揮者のビデオを見て涙を流すような救いの瞬間が、まさしく丁度生き延びる分だけのエネルギーとなって控えめに注がれる。余分な救いも極端な罰もない。ターは死で贖われはしない。指揮をしながら映画が終わる。

『TAR/ター』
監督：トッド・フィールド
製作：トッド・フィールド スコット・ランバート アレクサンドラ・ミルチャン
脚本：トッド・フィールド
出演：ケイト・ブランシェット、ノエミ・メルラン、ニーナ・ホス

ブルーレイ+DVD
5,280円（税込）
発売元：NBCユニバーサル・エンターテイメント
© 2022 FOCUS FEATURES LLC.
＊2023年12月時点の情報です

配信で絶大な人気を保つアダム・サンドラー――

『バト・ミツバにはゼッタイ呼ばないから』

長谷川町蔵

13歳のステーシーとリディアは幼馴染で大親友。それぞれエピックなバト・ミツバ・パーティーを開こうと夢を描いていたが、ステーシーの片思いの相手アンディーとリディアが急接近して亀裂が発生。ステーシーは先に開催されることになったリディアのパーティーには出ないと言いだしてしまう。ところが呪詛満載のステーシー作の動画が親経由で勝手に持ち出されて、リディアのパーティーは地獄絵図に……。

ティーン女子のラブ&ヘイトを危険球ギャグ混じりで描いた本作を、予備知識を持たずに観たなら「そもそもバト・ミツバって何?」って思う人もいるかもしれない。バト・ミツバとは、ユダヤ教徒の女子の成人式である(男子の方はバル・ミツバと呼ぶ)。日本における元服にあたるこうした儀式は米国の「スウィート・シックスティーン」や中南米の「キンセアニヨス」など世界中に存在しているのだが、バル・ミツバ/バト・ミツバの特徴はユダヤ教信仰と密接な繋がりがあること。子どもたちはシナゴーグ(礼拝堂)でラビの後見のもと、旧約聖書の抜粋「トーラー」をヘブライ語で読みあげる。これによって彼/彼女たちは一人前のユダヤ教徒とみなされるのだ。しかし米国ではいつからか宗教行事のあとのパーティーこそが本番扱いされるようになり、ユダヤ教徒は子どもたちのドレスや会場や料理の手配、ＤＪのブッキングに数万ドルを費やすようになった。

そんな人生の一大イベントを前に、喜怒哀楽と鬱屈を全身で表現する（つまり13歳そのものの）ステーシーを演じているサニー・サンドラーが素晴らしい。父親はコメディ・スターのアダム・サンドラーで、彼はサニーの父親役も演じている。加えて実姉セイディー・サンドラーは姉ロニー役、母親のジャッキーもリディアの母役で登場する。ジャンル的にファミリー・ムービーである本作は、サンドラー家のファミリー・ムービーでもあるのだ。

こんな身内最優先の作品をビッグバジェットで製作できたのも、サンドラーの製作会社「ハッピー・マジソン」と配信元のネットフリックスの強固な信頼関係があったからだろう。テン年代に入ってから主演映画の興行的失敗が続いていたサンドラーが劇場公開から撤退して２０１４年にネットフリックスと独占配信契約を結んだとき、人々は両者を馬鹿にしたもの

だった。

しかしネットフリックスは映画館でコケた作品がストリーミングでは相変わらずの人気を誇ることをデータで掴んでいた。サンドラーのファンは歳をとり、子育てや親の介護で映画館に行けなくなっていただけだったのだ。

予測は当たり、サンドラー映画は驚異的な視聴数を叩き出すキラー・コンテンツとなった。その中には『マイヤーウィッツ家の人々(改訂版)』(2017)、サフディ兄弟による『アンカット・ダイヤモンド』(2019／同作でサンドラーはインディペンデント・スピリット・アワード主演男優賞を獲得した)、『HUSTLE ハッスル』(2022)といった評論家も絶賛した傑作も含まれている。サンドラー人気がこれほどまでに高いのは、主演作に見られる言動や嗜好が米国人の最大グループ＝郊外暮らしの白人中年男性そのものだからだろう。そこが同じコメディ・スターでも「神経質な都会人」というユダヤ系のパブリックイメージを背負った旧友ベン・スティラーとは異なるところだ。

但し敬虔なユダヤ教徒といえるのはスティラーではなく寧ろサンドラーの方である。何しろユダヤ教の祭り「ハヌカ」を舞台に、アル中男が信仰に回帰するまでを描いたアニメ映画『Eight Crazy Nights』を製作し、主人公の声優を務めているほどなのだから(なおヒロインの声優はジャッキー)。同作の公開年は、サンドラー人気がピークに達していた2002年。米国人はてっきり自分たちの仲間と思い込んでいた男から突如「自分は国家を失ったディアスポラの末裔なのだ」と告白されたことになる。本作公開のタイミングも同作と似ている。俳優としての評価がかつてなく高まっていた今だからこそ、ユダヤ教の宗教行事を描いた映画を世に送り出すべきと考えたのかもしれない。

なおサンドラーは、より親イスラエルな立場を取る共和党を長年にわたって支持していたことでも知られている（トランプ政権以降は不明だが）。２０２３年に世界中を震撼させたイスラエルのガザにおける虐殺に対しても、おそらく彼はイスラエル政府支持を譲らないだろう。但しそんな彼すら、同じユダヤ系のジャド・アパトーと組んだ『エージェント・ゾーハン』（２００８）では、ニューヨークの寂れたショッピング・モールとガザを重ね合わせて多民族共生を訴えていた。人間は白黒はっきり分けられるほど単純ではない。たとえティーン向けのコメディ作品だとしても、映画はそれを教えてくれる。

令和のグラインドハウス映画——『プーあくまのくまさん』

ヒロシニコフ

グラインドハウス映画。それは80年代半ばごろまで三文ポルノ映画、ホラー映画などエクスプロイテーション映画を上映していた劇場（グラインドハウス）に由来する、低俗映画の総称である。観客の下世話な好奇心をそそるセンセーショナルな題材を一発ブチ上げ、あとはテキトー極まりなく撮られたこれらの映画たちは、映像技術が経年的にブラッシュアップされるにつれ、映画文法から外れているがゆえの異様さを醸し出すに至り、今日はいちジャンルと化し独自の立ち位置を築いている。タランティーノ&ロドリゲスは王政復古の大号令よろしく『グラインドハウス』（07）を放ったが「ちゃんと面白すぎてグラインドハウス映画ではない」という評価のパラドックスを引き起こした（もちろん、この才人たちはそれも織り込み済みで制作したはずだ）。グラインドハウス映画はそれを愛し、観客の方を向

き、面白い映画を作ろうと志向する映画監督には決して作ることができない。投げやりで、即物的で、そこに映画への愛など欠片もないもの。それがグラインドハウス映画だからだ。厳選された映画がスクリーンを彩る令和の世、映画館でそのようなものを観ることができるなどと思ってもいなかった。『プー あくまのくまさん』に出会うまでは……。

A・A・ミルンによる児童文学「くまのプーさん」のパブリックドメイン化を受けて、「じゃあこれをホラー映画にしちまおう」と動く志の低さからまずひどい。だが、本作において特筆すべきことは、このいかようにもネットミーム的にパロディできそうな題材を全て放棄したことにある。野生化したプーたちが森の中の別荘に遊びに来た若い女性たちを残酷に殺害する。映画の内容は驚くまでに「ただそれだけ」だ。このシンプルすぎる筋立てのどこに「くまのプーさん」を借用する必要性があるのだろうか。いや、全くない。原作を想起させる点がこれっぽっちもなく、プーと呼ばれる黄色い巨漢が人間を殺害するのみの84分。殺人鬼を森の中に住む無職（プー）に置き換えたとしても、映画から受ける印象は何ら変わらないと断言していい。

観客がエキサイトしそうなもの（プーさんの分かりやすいパロディ）を全く寄越さない不愛想な作りに加え、劇中で目立つのは露骨な尺稼ぎだ。異様なまでに繰り返されるスローモーション演出や、意味なしカットの連続。これは劇場用映画としての尺を成立させるために「1フレームでも映画を長くしてやろう」と腐心する製作陣のマインドの表出であるとともに、映画は商売である、という事実を観るものに思い出させてくれる。さらに、映画を通して最も印象に残るものが残酷描写である点。これが個人的には本作の一番の評価点である。記号化した登場人物たちが、その最期をもって初めて個性を放つ。車による顔面轢き潰し、ハンマーによる殴打、首チョンパ。特殊メイクの質も高く、またそこ以外に見所が無いことからも、本作は真にハーシェル・ゴードン・ルイス直系の「ゴア・ムービー」と言っても差し支えないように思う。本作の精神性は、まさにショッキング一撃に振ったグラインドハウス映画そのものなのだ。

スクリーンに映される被害者としての役割しか付与されていない登場人物たちの空虚なやり取りを目にするにつれ、筆者はポケットの中のスマホを500回はいじりたくなった。3時間半あった『キラーズ・オブ・ザ・フラワームーン』を観たとき、一度もそう思わなかったのにだ。同時に、今日我々が愛でているグラインドハウス映画たちも、当時は劇場の観客にそう受容されてきたのだろうと肌感覚で理解した。ショッキングな殺人シーンやお色気シーンだけチラ見したら、あとは隣の席の恋人とイチャついたり、イビキを立てて寝たり、マスをかいたりして……そして映画の存在は観客から雲散霧消する。そんな搾取と消費の甘い関係がグラインドハウスでは結ばれていたのではないか、と。

グラインドハウス回帰を謳った似非グラインドハウス映画は『グラインドハウス』以降、雨後の筍のように作られた。しかし、それらには観客を楽しませようという意志がある。映画への愛がある。だが、『プーあくまのくまさん』には何もない。プーさんへの愛も、ホラー映画へのこだわりも、観客をエキサイトさせる仕掛けも、何もない。それゆえに映画館での本作の鑑賞体験は、まさしくグラインドハウスの追体験と言えるものになるのだ。令和に蘇ったグラインドハウス映画……ながら見できる自宅で鑑賞するよりも、自由のきかない劇場で観る方が何百倍も味わい深い。

『プー　あくまのくまさん』
監督　リース・フレイク＝ウォーターフィールド
脚本　リース・フレイク＝ウォーターフィールド
撮影　ビンス・ナイト
音楽　アンドリュー・スコット・ベル
出演　マリア・テイラー、ニコライ・レオン、ナターシャ・ローズ・ミルズ

Blu-ray & DVD 好評発売中
販売：アルバトロス株式会社
発売：ニューセレクト株式会社
© 2023 ITN DISTRIBUTION, INC. ALL RIGHTS RESERVED.

昼メロ世界が描き出す映画とドラマの複雑な隔たり――

『別れる決心』

三田格

韓国映画と韓国ドラマは扱う内容にかなり隔たりがあり、本作でも性と暴力が描写される場面にはTVドラマが流れ、登場人物たちの心情がTVドラマに左右されているように見えるなど韓国ドラマに対して批評的なアプローチが感じられる。主要なストーリーはそれこそTVドラマがやりそうな昼メロで、『氷の微笑』（92）と同じく容疑者に恋してしまう刑事が主役。パク・ヘイル演じるチャン・ヘジュン刑事は遺体の確認に来た容疑者ソン・ソレを見た瞬間から恋に落ちる。彼女が死んだ夫からDVの被害を受けていたことを知ると、釜山から週末婚の妻が住むイポという街に戻ってセックスをしながら目ではTVドラマを追っている。ソレを演じるタン・ウェイは中国の役者で、アン・リー監督『ラスト、コーション』（07）でデビューしてすぐに国家的な規模の裏切り者扱いとなってしまい、正当な評価を得るまでに6年を無駄にした異分子的存在。ビー・ガン監督『ロングデイズ・ジャーニー』（18）でのふてぶてしさが買われたか、パク・チャヌクは彼女に出演してもらいたくてソレの設定を中国人に変更したそうで、『ロングデイズ・ジャーニー』の一人二役とまったく同じ雰囲気で不法移民の役を演じている。ナ・ホンジン監督『哀しき獣』（10）やパク・チャヌクが脚本で参加したイ・ギョンミ監督『荊棘の秘密』（16）もそうだったけれど、韓国内の人種差別は日本人には少しわかりづらい。中国からの不法移民も韓国映画ではステレオタイプの犯罪者として描かれるばかりで実態とは少し異

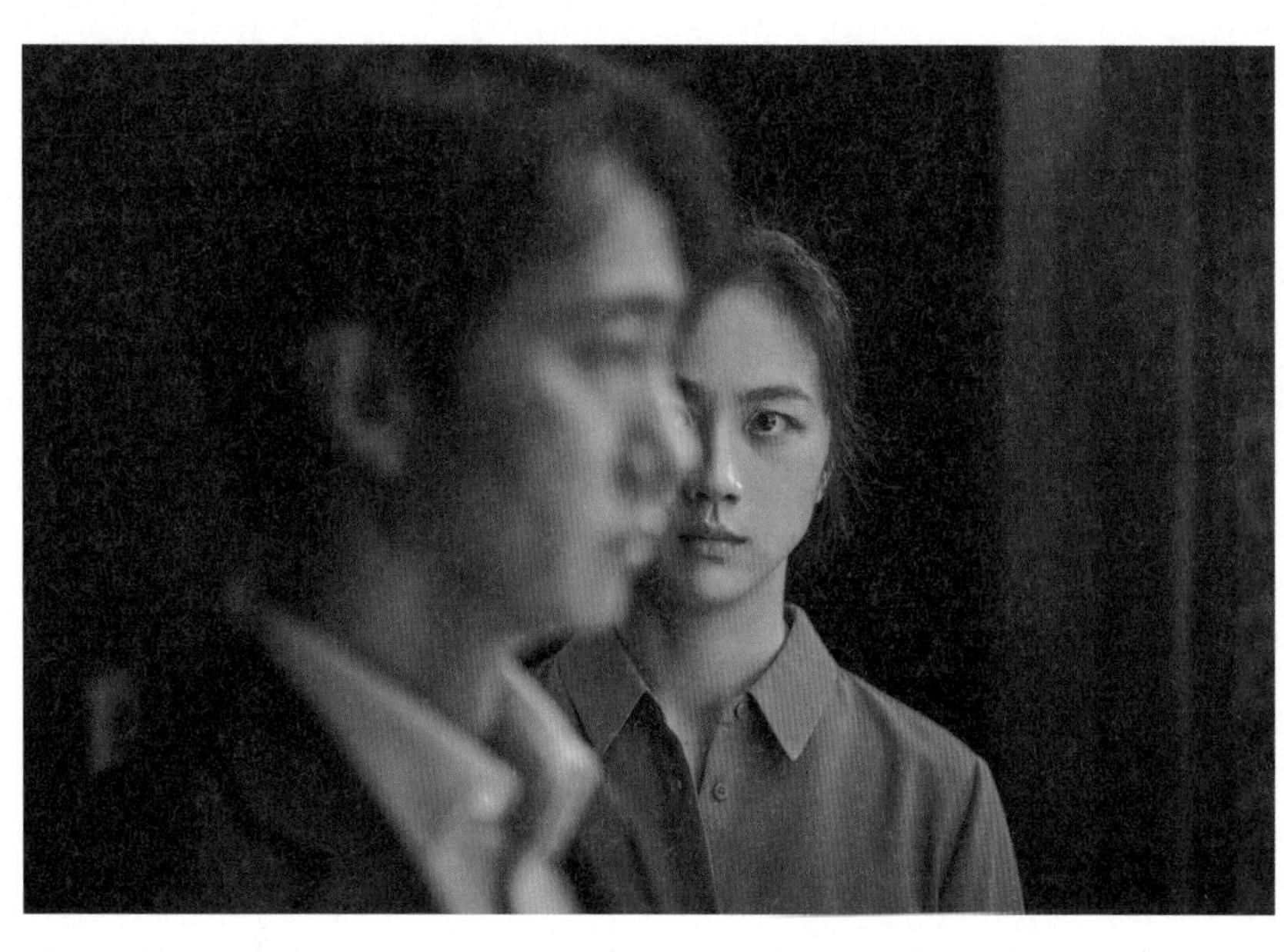

なるらしく、タン・ウェイ演じるソレもそういったパブリック・イメージとのギャップが目論まれたのだろう。ソレのバック・グラウンドもかなり込み入った設定になっているものの（日本の占領政策も関係しているので、そこは前作『お嬢さん』とつながる）、そういったものをすべて飛び越えるようにヘジュン刑事が一瞬で恋に落ちるシーンもまたTVドラマ的な飛躍に感じられる。世界的に不法移民の常なのか、ソレは介護の仕事についていて、ヘジュン刑事の捜査はストーカーまがいの過剰なものにエスカレートし、やがてはソレが不眠症のヘジュン刑事を眠りにつかせる関係へと発展する。ソレの部屋で台湾のモルトウイスキーを見つけたヘジュン刑事が居酒屋で同じものを飲んでいる時にはもはや同僚の意見には耳を貸さず、完全に自分を見失っている。ソレの造形は男が家庭外に想定するファム・ファタールの典型といえ、「女に溺れて捜査を台無しにし、僕は崩壊した」とヘジュン刑事が感極まってソレに告げて部

屋を出て行った後、ソレがスマホで「崩壊」の意味を調べるシーンは大笑いだった。『嘆きの天使』から何も変わっていない。

『別れる決心』はさらに前半と後半でまったく演出が異なっている。前半はいつも通りのパク・チャヌクで、細かい心理描写やフェティッシュなカメラワークは期待に違わず官能的。ヘジュン刑事がカラスの死体や羽を撫で、ソレがスプーンを舐めるだけでお互いの体に触れているような錯覚を呼び起こす。後半はしかし、心理描写も雑でそれこそTVドラマのように大雑把な動きしか把握しない。前半では山の頂上やビルの屋上など高い場所でドラマチックな展開が起きるのに対して、後半ではプールの底や海の底、あるいは浜辺に掘った穴の底で重要なことが起きている。エンディング近くでは浜辺一帯が上空から空撮され、あたりがまるで世界の底のように見えてくる。上下感覚を強調するのは韓国映画の定石でもあり、後半はロマンティックな恋愛ドラマを主軸に湿っ

ぽいムードが支配的になる。ソレの心変わりは『ラスト、コーション』をそのまま再現しているようで、国家に潰された女のイメージも滲み出す。劇中のTVドラマを指して「根拠のない原発の恐怖を売りにしている」という妻のセリフがあり（妻は原発で働いている）、現実の韓国では放射能漏れなど原発のトラブルは相次いでいるので、いってみればTVドラマの方が現実的といえ、ヘジュン刑事とソレは恋心で現実が見えていないとも受け取れる。「原発のある街は霧が出ている」という妻のセリフもあり、調べてみると放射性エアロゾルの沈着過程と関係のある現象のようで、TVドラマのロケ地として人気の観光スポットになっているという設定や架空の街としていることから、TVドラマは多くの人々を危険にさらしているという批判とも受け取れる。好きな人の前から消えたり現れたり、複雑な人の心に惹かれる恋愛映画であり、不倫のエネルギーが世界を終末に引き寄せるJ・G・バラード『結晶世界』や50年代の映画に近いところも。なんというか、ものすごく手の込んだ昼メロである。

『別れる決心』
監督・脚本　パク・チャヌク
脚本　チョン・ソギョン、パク・チャヌク
撮影　キム・ジヨン
音楽　チョウ・ヨンウク
出演　パク・ヘイル、タン・ウェイ、イ・ジョンヒョン、コ・ギョンピョ

Blu-ray & DVD 好評発売中
5,500円（税込）
発売元：株式会社ハピネットファントム・スタジオ
販売元：ハピネット・メディアマーケティング
© 2022 CJ ENM Co., Ltd., MOHO FILM. ALL RIGHTS RESERVED
＊2023年12月時点の情報です

伊東美和

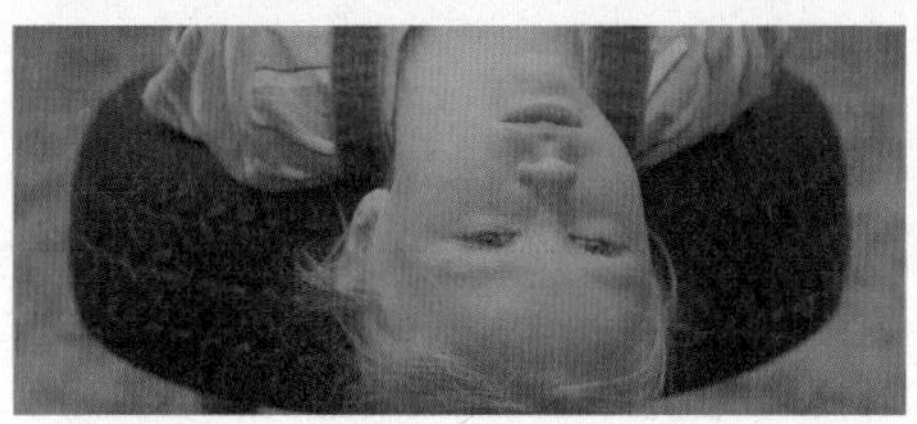
『イノセンツ』
© 2021 MER FILM,ZENTROPA SWEDEN,SNOWGLOBE,BUFO,LOGICAL PICTURES ©Mer Film2

2024年1月17日（水）
Blu-ray 発売 ￥6,270（税込）
発売・販売：松竹株式会社

2023ベスト

1.『イノセンツ』
エスキル・フォクト

2.『TALK TO ME ／トーク・トゥ・ミー』
ダニー・フィリッポウ、マイケル・フィリッポウ

3.『ベネデッタ』
ポール・ヴァーホーヴェン

4.『VORTEX ヴォルテックス』
ギャスパー・ノエ

5.『聖地には蜘蛛が巣を張る』
アリ・アッバシ

6.『死霊のはらわた ライジング』
リー・クローニン

7.『Pearl パール』
タイ・ウェスト

8.『クライムズ・オブ・ザ・フューチャー』
デヴィッド・クローネンバーグ

9.『PIGGY ピギー』
カルロタ・ペレダ

10.『エスター ファースト・キル』
ウィリアム・ブレント・ベル

2024注目作

1.『MaXXXine』
タイ・ウェスト

2.『Infinity Pool』
ブランドン・クローネンバーグ

3.『Suitable Flesh』
ジョー・リンチ

①は大友克洋の『童夢』にインスパイアされたサイキック・ホラー。子供の無邪気さというか、他者への共感のなさとか、自分より弱いものに対する容赦ない悪意が怖い。②はコックリさん系憑依ホラーのアレンジなんだけど、憑依現象をドラッグのような高揚感と危険性を併せ持ったスリリングな体験として描いているのが新しい。③同性愛裁判にかけられた実在の修道女の半生を、エロあり、拷問あり、70年代ナンスプロイテーションばりの下世話さで描く。ヴァーホーベン全開の怪作。④鑑賞後、ダリオ・アルジェントの臨終に実際に立ち会ったかのような、しゅんとした気持ちになる。⑤前作公開時、監督にインタビューしたら、イスラム圏での女性に対する性的な抑圧に関心があると語ってた。

宇野維正

2023ベスト

1.『TAR ター』
トッド・フィールド

2.『ザ・キラー』
デヴィッド・フィンチャー

3.『スパイダーマン：アクロス・ザ・スパイダーバース』
ホアキン・ドス・サントス、ケンプ・パワーズ、ジャスティン・K・トンプソン

4.『フェイブルマンズ』
スティーブン・スピルバーグ

5.『イコライザー THE FINAL』
アントワン・フークア

6.『ザ・クリエイター／創造者』
ギャレス・エドワーズ

7.『AIR ／エア』
ベン・アフレック

8.『兎たちの暴走』
シェン・ユー

9.『ほつれる』
加藤拓也

10.『わたしの見ている世界が全て』
佐近圭太郎

2024注目作

1.『異人たち』

2.『瞳をとじて』

3.『パリの記憶』

『TAR/ ター』
ブルーレイ +DVD: 5,280 円（税込）
発売元 : NBC ユニバーサル・エンターテイメント
© 2022 FOCUS FEATURES LLC.

11月末の締切時点で２０２３年の日本公開作品の枠だとこうなります。『ハリウッド映画の終焉』はもちろんその終焉を願う本ではなく、それをこよなく愛する者が現状に警鐘を鳴らした本でした。来年以降のハリウッド映画は製作本数の減少に加えて、日本では公開スルー作品の増加で、さらに暗澹たる状況になることが予測できます。ヨーロッパ映画を取り巻く国内環境はそれ以上の惨状。注目作は既に観た作品から選びましたが、アリス・ウィノクールのような30～40代の作家の新作が日本公開されないようだと、こうしたドメスティック基準のベスト企画にもはや意味はなくなるでしょう。ワーストは『PERFECT DAYS』と『キリエのうた』。

大久保潤

2023ベスト

1.『別れる決心』
パク・チャヌク

2.『ベネデッタ』
ポール・ヴァーホーヴェン

3.『フェイブルマンズ』
スティーヴン・スピルバーグ

4.『クライムズ・オブ・ザ・フューチャー』
デヴィッド・クローネンバーグ

5.『Pearl パール』
タイ・ウェスト

6.『ココモ・シティ』
D・スミス

7.『ザ・フラッシュ』
アンディ・ムスキエティ

8.『デヴィッド・ボウイ ムーンエイジ・デイドリーム』
フレット・モーゲン

9.『1PM –ワン・アメリカン・ムービー』
D・A・ペネベイカー、リチャード・リーコック

10.『ダーク・グラス』
ダリオ・アルジェント

『別れる決心』
Blu-ray & DVD 好評発売中　5,500円（税込）
発売元：株式会社ハピネットファントム・スタジオ
販売元：株式会社ハピネット・メディアマーケティング
© 2022 CJ ENM Co., Ltd., MOHO FILM. ALL RIGHTS RESERVED

2024注目作

1.『ジョーカー２』

2. 黒沢清新作

3.『MaXXXine』

スピルバーグ、クローネンバーグ、アルジェント、ヴァーホーヴェンといったベテラン勢がそれぞれに「守り」に入らない新作を発表してきたことに感心する一年だった気がする。ランキングには入れなかったがリドリー・スコットやスコセッシ、宮崎駿なども同様。⑥は多摩シネマフォーラムで上映された黒人トランスジェンダーのセックスワーカーに取材したドキュメンタリー。⑧は一般的なドキュメンタリーとはだいぶ様相がことなりゴダールを思わせるコラージュムーヴィ。そのゴダールの演出風景が垣間見える⑨も興味深かった。

大槻ケンヂ

『イノセンツ』
© 2021 MER FILM,ZENTROPA SWEDEN,SNOWGLOBE,BUFO,LOGICAL PICTURES
©Mer Film2

2023ベスト

1.『イノセンツ』
エスキル・フォクト

以下順不同

a.『戦慄怪奇ワールド コワすぎ！』
白石晃士

b.『M3GAN ミーガン』
ジェラルド・ジョンストン

c.『名探偵ポアロ ベネチアの亡霊』
ケネス・ブラナー

d.『ダークグラス』
ダリオ・アルジェント

e.『ノック　終末の訪問者』
M・ナイト・シャマラン

f.『バニシング・ポイント』
リチャード・C・サラフィアン

g.『BLUE GIANT』
立川譲

h.『アラビアンナイト　三千年の願い』
ジョージ・ミラー

I.『ケイコ、目を澄ませて』
三宅唱

2024年1月17日（水）
Blu-ray発売 ¥6,270（税込）
発売・販売：松竹株式会社

「イノセンツ」は超能力少年たちの張り詰めた念殺戦に息を飲んだ。でもトラウマエグいので今後生涯二度と観ないと決めてる一期一会傑作。今さら知った「コワすぎ！」シリーズの面白さ。好きすき！クトゥルフ感もいい。「ミーガン」初めて映画のグッズが欲しいと思った。キャラ勝ち。「ダークグラス」晩節を汚すはずが晩節が今のクールにバッチリはまった不思議タイミングの一作。「アラビアンナイト」なんか誰も褒めてないから。

2024注目作

三軒茶屋の演劇スタジオにほぼ毎日幽霊がでるとの**「三茶のポルターガイスト」**というドキュメントの第二弾が出来るそうなので、おそらく2004年にはついに幽霊の正体が暴かれるのではないかと期待しています。

片刃

2023ベスト

1.『ヘル・レイザー（'22）』
デヴィッド・ブルックナー

2.『フリークスアウト』
ガブリエーレ・マイネッティ

3.『PIGGY ピギー』
カルロタ・ペレダ

4.『ミュータント・タートルズ ミュータント・パニック！』
ジェフ・ロウ

5.『レンフィールド』
クリス・マッケイ

6.『先生！口裂け女です！』
ナカモトユウ

7.『金持を喰いちぎれ』
ピーター・リチャードソン

8.『キラーコンドーム』
マルティン・ヴァルツ

9.『マッシブ・タレント』
トム・ゴーミカン

10.『ソフト／クワイエット』
ベス・デ・アラウージョ

2024注目作

1.『Dream Scenario』
クリストファー・ボルグリ

2.『Infinity Pool』
ブランドン・クローネンバーグ

3.『悪魔がはらわたでいけにえで私』
宇賀那健一

①はシリーズ各所からのオマージュが見えるまさにヘルレイザーで、人生の激痛真理を突くまさにブルックナー作品。②も低空飛行ヒーロー&ヴィランが哀しくも滑稽なまさにマイネッティ作品。

残念ながら今も⑦のミンス&チップスをいっそ具現化したい世の中で、⑧の家庭をもつシスヘテロ以外への排除意識に対する愛のカウンターはまだ有効。⑩の恐怖に至ってはいつもすぐそばに迫ってくる。ただ、実は世界には多くの「私たち」がいて、隠れず共存できるはずだという希望を掲げる④、異常でささやかなロマンスが辛く美しい現代の『悪魔のいけにえ』に転ずる③、弱者を踏み躙る人間をぶっ飛ばす現代の口裂け女を描いた⑥が救いだ。

なお⑤⑨はニコラス・ケイジ祭りが楽しくないわけがなく、同じ理由で2024の①に期待。②、③にも予想を超えた世界を見せてほしい。

上條葉月

2023ベスト

1.『レッド・ロケット』
ショーン・ベイカー

2.『アルマゲドン・タイム ある日々の肖像』
ジェームズ・グレイ

3.『アル中女の肖像』
ウルリケ・オッティンガー

4.『きゅうり畑のかかし』
ロバート・J・カプラン

5.『ベネデッタ』
ポール・ヴァーホーヴェン

6.『キングダム エクソダス＜脱出＞』
ラース・フォン・トリアー

7.『カード・カウンター』
ポール・シュレイダー

8.『キラーズ・オブ・ザ・フラワームーン』
マーチン・スコセッシ

9.『Pearl パール』
タイ・ウェスト

10.『VORTEX ヴォルテックス』
ギャスパー・ノエ

2024注目作

1.『ファースト・カウ』
ケリー・ライカート

2.『夜明けのすべて』
三宅唱

3.『瞳をとじて』
ビクトル・エリセ

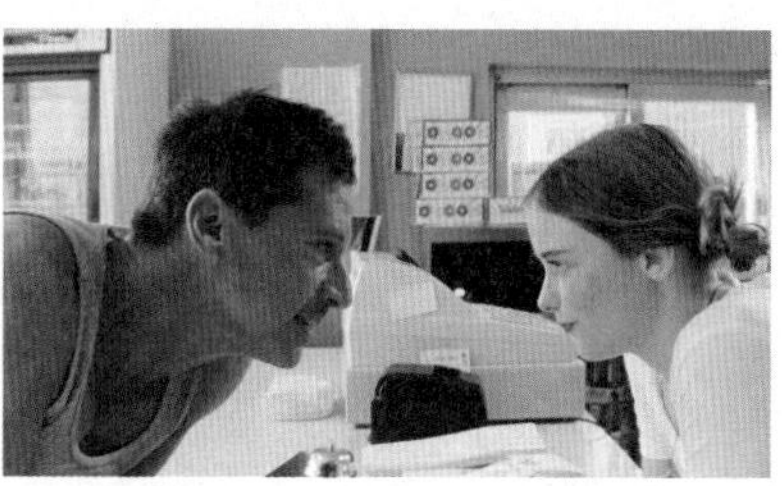

『レッド・ロケット』
© 2021 RED ROCKET PRODUCTIONS, LLC ALL RIGHTS RESERVED.

国立映画アーカイブ、アカデミー・フィルム・アーカイブ特集がすばらしかった。『クイーン・オブ・ダイヤモンド』も最高だが、ニナ・メンケスはいつの日か特集上映を組まれるに違いない(期待)ので、ベストには『きゅうり畑のかかし』を。何百本もつまらない映画を見続けているのはこういう映画に突然出会うためだと改めて思う。キュートでポップで変態で超最高。ワイルド・サイドを歩け！　他良かったのは『君たちはどう生きるか』『ザ・キラー』『ガーディアンズ・オブ・ザ・ギャラクシーvol.3』。資本主義・民主主義の破綻を風刺的に描いた『ヨーロッパ新世紀』『逆転のトライアングル』も今年っぽくて印象的だが、現実のお先真っ暗感に気が滅入りもする……。

カミヤマノリヒロ

2023ベスト

1.『ダンジョンズ＆ドラゴンズ／アウトローたちの誇り』
ジョナサン・ゴールドスタイン

2.『イコライザー THE FINAL』
アントワン・フークア

3.『バイオレント・ナイト』
トミー・ウィルコラ

4.『ガーディアンズ・オブ・ギャラクシー：VOLUME 3』
ジェームズ・ガン

5.『シック・オブ・マイセルフ』
クリストファー・ボルグリ

6.『シアター・キャンプ』
リー・ゴードン、ニック・リーバーマン

7.『ジョン・ウィック コンセクエンス』
チャド・スタエルスキ

8.『ゴジラ -1.0』
山崎貴

9.『テノール！ 人生はハーモニー』
クロード・ジディ・Jr.

10.『チョコレートな人々』
鈴木祐司

2024注目作

1.『唐獅子仮面 LION GIRL』

2.『シャクラ』

3.『犯罪都市 NO WAY OUT』

⑩はさすが東海テレビのドキュメンタリー。⑨は王道のスポ根モノ。⑧は『シン・ゴジラ』の後によくぞ撮ったと感心。⑦はアクションの十種競技みたいで好き。⑥は愛すべきミュージカルモキュメンタリー。⑤は最悪な主人公だけど人間臭くて好き。④は最近のMCUの中でも白眉の出来。③は超好みのバイオレンスアクション。「なぜサンタはプレゼントを配るのか?」の理由が最高。②は描写を省略することで面白いアクション映画になっているのがスゴい。①はTRPGにハマってた頃を思い出して涙&感謝……。来年は、『女体銃 ガン・ウーマン』が最高だった光武蔵人監督作の①、ドニー・イェン×谷垣健治さんの②、マ・ドンソク演じる暴力刑事が大暴れの③に期待大！

『ダンジョンズ＆ドラゴンズ / アウトローたちの誇り』
4K Ultra HD+ ブルーレイ 7,260 円（税込）
1/24 発売：Blu-ray 2,075 円（税込）／ DVD 1,572 円（税込）
発売元：NBC ユニバーサル・エンターテイメント
© 2023 Paramount Pictures. Hasbro, Dungeons & Dragons and all related characters are trademarks of Hasbro. © 2023 Hasbro.
＊2023 年 12 月時点の情報です

川瀬陽太

2023ベスト

1.『カード・カウンター』
ポール・シュレイダー
2.『シャドウプレイ完全版』
ロウ・イエ
3.『宇宙探索編集部』
コン・ダーシャン
4.『ベネデッタ』
ポール・ヴァーホーヴェン
5.『レッド・ロケット』
ショーン・ベイカー
6.『せかいのおきく』
阪本順治
7.『ある日々の肖像』
ジェームズ・グレイ
8.『Rodeo ロデオ』
ローラ・キヴォロン
9.『Pearl パール』
タイ・ウェスト
10.『ほつれる』
加藤拓也

『カード・カウンター』
© 2021 Lucky Number, Inc. All Rights Reserved

Blu-ray & DVD 発売中
発売：トランスフォーマー
販売：TC エンタテインメント

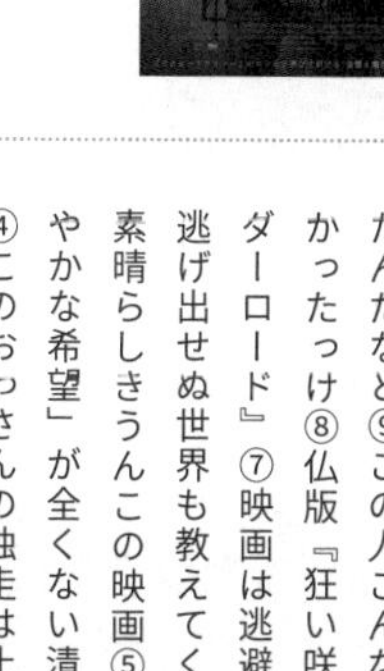
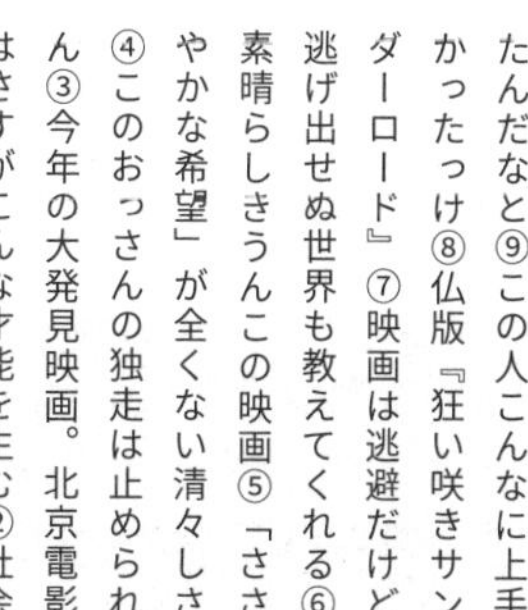

⑩前作未見だが凄い人出てきてたんだなと⑨この人こんなに上手かったっけ⑧仏版『狂い咲きサンダーロード』⑦映画は逃避だけど逃げ出せぬ世界も教えてくれる⑥素晴らしきうんこの映画⑤「ささやかな希望」が全くない清々しさ④このおっさんの独走は止められん③今年の大発見映画。北京電影はさすがこんな才能を生む②社会派大エンタメ①贖罪監督の面目躍如。オスカー・アイザック凄え。スピルバーグもスコセッシもリドスコも外しました。どうしても鎮座してしまうので。なのにシュレイダー、ヴァーホーヴェンを入れてしまうのは筆者の業です。注目作は①濱口くんを抑えた今作、観たい。②期待しかないでしょ③近年こいつが世界を回してる。

2024注目作

1.『哀れなるものたち』
ヨルゴス・ランティモス
2.『フュリオサ（仮題）』
ジョージ・ミラー
3. ホアキン・フェニックス出演作

北村紗衣

2023ベスト

1.『ベネデッタ』
ポール・ヴァーホーヴェン

2.『ロスト・キング 500年越しの運命』
スティーブン・フリアーズ

3.『ゼイ・クローン・タイローン 俺たちクローン？』
ジュエル・テイラー

4.『ボーンズ アンド オール』
ルカ・グァダニーノ

5.『ニモーナ』
ニック・ブルーノ、トロイ・クエイン

6.『ぬいぐるみとしゃべる人はやさしい』
金子由里奈

7.『オマージュ』
シン・スウォン

8.『バーナデット ママは行方不明』
リチャード・リンクレイター

9.『フローラとマックス』
ジョン・カーニー

10.『ウーマン・キング 無敵の女戦士たち』
ジーナ・プリンス＝バイスウッド

『ベネデッタ』
Blu-ray、DVD好評発売中
Blu-ray：¥6,380（税込） DVD：¥4,400（税込）
発売元：クロックワークス
販売元：ハピネット・メディアマーケティング
© 2020 SBS PRODUCTIONS - PATHÉ FILMS - FRANCE 2 CINÉMA - FRANCE 3 CINÉMA

2024注目作

1.『コット、はじまりの夏』

2.『チャレンジャーズ』

3.『ダムゼル』

今年は女性登場人物が活躍する面白い映画がたくさんありました。戦争ものから人間ドラマまで、いろいろな年代の女優が奥行きあるキャラクターを演じる作品が増えているのは嬉しいことです。ベスト10はどれもそんな映画です。

来年の公開作で一番おすすめしたいのは、全編アイルランド語の『コット、はじまりの夏』です。里親やネグレクトなどについて考えさせられる内容で、日本の観客にもぐっとくるところがあるのではと思います。また、日本公開がまだ決まっていませんが、携帯端末であるブラックベリーの開発を描いたカナダの映画BlackBerryと、替え歌で有名なウィアード・アル・ヤンコビックをダニエル・ラドクリフが演じたWeird: The Al Yankovic Storyも楽しみです。

木津毅

2023 ベスト

1.『サントメール ある被告』
アリス・ディオップ

2.『大いなる自由』
セバスティアン・マイゼ

3.『aftersun アフターサン』
シャーロット・ウェルズ

4.『枯れ葉』
アキ・カウリスマキ

5.『フェイブルマンズ』
スティーブン・スピルバーグ

6.『EO イーオー』
イエジー・スコリモフスキ

7.『熊は、いない』
ジャファル・パナヒ

8.『カード・カウンター』
ポール・シュレイダー

9.『ヨーロッパ新世紀』
クリスティアン・ムンジウ

10.『小説家の映画』
ホン・サンス

2024 注目作

1.『異人たち』

2.『瞳をとじて』

3.『PASSAGES』

『サントメール ある被告』
© SRAB FILMS – ARTE FRANCE CINÉMA – 2022

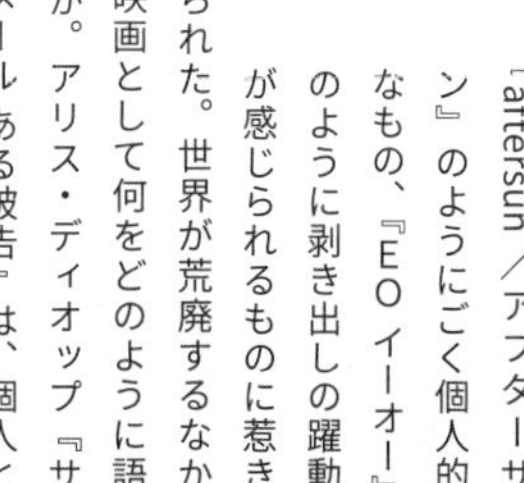

トピカルな作品が多く注目されるなかで、『aftersun／アフターサン』のようにごく個人的なもの、『EO イーオー』のように剥き出しの躍動が感じられるものに惹きつけられた。世界が荒廃するなかで、映画として何をどのように語るのか。アリス・ディオップ『サントメール ある被告』は、個人と社会の複層的な関わりを静的な語りと画面から立ち上げるまったく見事な「映画」。新世代のさらなる台頭を感じた年だった。

２０２４年は何よりもまず、アンドリュー・ヘイの『異人たち』。クィア映画のさらなる前進だ。アイラ・サックスの『PASSAGES』は日本公開が決まったと聞いていないのだけど、きっと観られるだろうという期待をこめて。

児玉美月

2023 ベスト

1.『青いカフタンの仕立て屋』
マリヤム・トゥザニ

2.『あしたの少女』
チョン・ジュリ

3.『サントメール ある被告』
アリス・ディオップ

4.『愛にイナズマ』
石井裕也

5.『別れる決心』
パク・チャヌク

6.『パーフェクト・ドライバー／成功確率 100%の女』
パク・デミン

7.『私がやりました』
フランソワ・オゾン

8.『CLOSE クロース』
ルーカス・ドン

9.『私はモーリーン・カーニー』
ジャン＝ポール・サロメ

10.『エゴイスト』
松永大司

2024 注目作

1.『哀れなるものたち』

2.『ミツバチと私』

3.『ソウルメイト』

今年最も美しかった映画『青いカフタンの仕立て屋』には心底胸打たれ、幸運にも様々な形で宣伝に関わることがかなった。自分にとってダークホース的作品だったのは、『パーフェクト・ドライバー／成功確率１００％の女』。カーアクションの凄さはさることながら、そのドラマにも何度も落涙しそうになった。他、チョン・ジュリの8年ぶりの新作『あしたの少女』、パク・チャヌクの6年ぶりの新作『別れる決心』など、今年も韓国映画が豊作。４Ｄでの鑑賞に限るなら、ここに『リトル・マーメイド』も加えたい。この映画で吹き抜けた風の感触は忘れ難い。来年のはじめにはまず『哀れなるものたち』がある。壮大な映画の旅の幕開けに、これほど相応しい作品はない。

『青いカフタンの仕立て屋』
ヒューマントラストシネマ有楽町、新宿武蔵野館ほか全国公開中
監督・脚本：マリヤム・トゥザニ
出演：ルブナ・アザバル　サーレフ・バクリ　アイユーブ・ミシウィ
2022 年／フランス、モロッコ、ベルギー、デンマーク ／アラビア語／ 122 分／ビスタ／カラー／ 5.1ch ／英題：THE BLUE CAFTAN ／字幕翻訳：原田りえ
提供：WOWOW、ロングライド　配給：ロングライド
© Les Films du Nouveau Monde - Ali n' Productions - Velvet Films – Snowglobe

堺三保

2023 ベスト

1.『SHE SAID シー・セッド
その名を暴け』
マリア・シュラーダー

2.『アラビアンナイト
三千年の願い』
ジョージ・ミラー

3. ガーディアンズ・オブ・
ギャラクシー：VOLUME 3』
ジェームズ・ガン

4.『スパイダーマン
：アクロス・ザ・スパイダーバース』
ホアキン・ドス・サントス、ケンプ・パワーズ、
ジャスティン・K・トンプソン

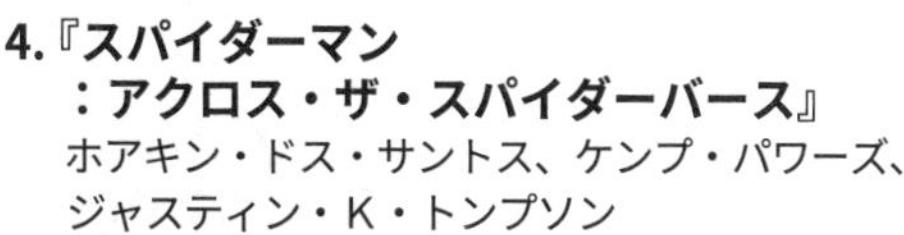

5.『グランツーリスモ』
ニール・ブロムカンプ

6.『ザ・クリエイター／創造者』
ギャレス・エドワーズ

7.『ジョン・ウィック
コンセクエンス』
チャド・スタエルスキ

8.『ミュータント・タートルズ
ミュータント・パニック！』
ジェフ・ロウ

9.『ロスト・キング　500 年越しの運命』
スティーヴン・フリアーズ

10.『フェイブルマンズ』
スティーブン・スピルバーグ

2024 注目作

1.『デューン　砂の惑星　PART2』
ドゥニ・ヴィルヌーヴ

2.『哀れなるものたち』
ヨルゴス・ランティモス

3.『ダム・マネー　ウォール街を狙え！』
クレイグ・ギレスピー

『SHE SAID/ シー・セッド その名を暴け』
DVD: 3,980 円 (税込)
発売元 : NBC ユニバーサル・エンターテイメント
© 2022 UNIVERSAL STUDIOS. ALL RIGHTS RESERVED.

個人的には2023年はニール・ブロムカンプ（『グランツーリスモ』）とギャレス・エドワーズ（『ザ・クリエイター』）の復活の年として記憶されることになるでしょう。二人ともハリウッド・メジャーに一度は抜擢されたものの、その後しばらく雌伏の時を過ごしていたのが、今年再び大勝負に出て実績を積んだ感が強く、今後の活躍が楽しみでなりません。

佐々木敦

2023 ベスト

1.『フェイブルマンズ』
スティーブン・スピルバーグ

2.『別れる決心』
パク・チャヌク

3.『アステロイド・シティ』
ウェス・アンダーソン

4.『小説家の映画』
ホン・サンス

5.『アレンズワース』
ジェイムズ・ベニング

6.『郊外の鳥たち』
チウ・ション

7.『白石晃士の決して送ってこないで下さい【劇場版】』
白石晃士

8.『夜のロケーション』
マルコ・ベロッキオ

9.『白鍵と黒鍵の間に』
冨永昌敬

10.『永遠が通り過ぎていく』
戸田真琴

『フェイブルマンズ』
© 2022 Storyteller Distribution Co., LLC. All Rights Reserved.

4K Ultra HD+ ブルーレイ：7,260 円 (税込)
発売元：NBC ユニバーサル・エンターテイメント
＊ 2023 年 12 月の情報です

児玉美月さんとの対談でも話したが、今年は、というか今年「も」大して映画を観れておらず、観たかったのに逃した作品、観たのに忘れている作品もあるかもしれないので、ベストテンは今の思いつきで選び、順位はかなり適当である。でもベスト3は不動かな。デビュー作『春江水暖』がすごく好きだったグー・シャオガン監督の新作『西湖畔に生きる』は東京国際映画祭の上映に行けなかった（チケット売り切れてた）。公開されるのかな？　濱口竜介『悪は存在しない』、三宅唱『夜明けのすべて』、杉田協士『彼方のうた』など、日本映画の未来を背負って立つ重要作家の新作もある。他にもいろいろあるんでしょうが、情弱なので知りません。

2024 注目作

1.『瞳をとじて』
ビクトル・エリセ

2.『哀れなるものたち』
ヨルゴス・ランティモス

3.『西湖畔に生きる』
グー・シャオガン

佐々木勝己

2023ベスト

1.『ベニー・ラブズ・ユー』
カール・ホルト

2.『Pearl パール』
タイ・ウェスト

3.『ハロウィン THE END』
デヴィッド・ゴードン・グリーン

4.『ガーディアンズ・オブ・ギャラクシー：VOLUME 3』
ジェームズ・ガン

5.『依存魔』
ファブリス・ドゥ・ヴェルツ

6.『フリークスアウト』
ガブリエーレ・マイネッティ

7.『カード・カウンター』
ポール・シュレイダー

8.『ガール・ピクチャー』
アッリ・ハーパサロ

9.『悪い子バビー』
ロルフ・デ・ヒーア

10.『イノセンツ』
エスキル・フォクト

『ベニー・ラブズ・ユー』
©MMXX DARKLINE ENTERTAINMENT. All Right Reserved.

生きていくって苦しいね、それは自分が人と違って〝変〟だから？「人生最悪！全員殺せ！」な映画ばかりになると思ったけど、いざ書き出してみると〝違い〟を認める映画が多くてびっくり！変人だろうと、いつかは大人になる①。

変でもいいけど、けじめをつけよう②、③、⑤、⑩。違いを認め合う事の素晴らしさの④、⑥、⑦、⑨。変って素晴らしい！とても10本に絞り切れないけれど「ダッシュカム」も主人公が変人で最高だったし、『テリファー2』も変なピエロが人をぶち殺して素晴らしい！　変である事を大事にしようと思える映画が多くて楽しい一年でした。来年は「(ドラマですが)Fallout」「哀れなるものたち」「ファイブ・ナイツ・アット・フレディーズ」が楽しみ！

2024注目作

1.『Fallout』

2.『哀れなるものたち』

3.『ファイブ・ナイツ・アット・フレディーズ』

侍功夫

『PATHAAN ／パターン』
© Yash Raj Films Pvt. Ltd., 2023. All Rights Reserved.

Blu-ray & DVD
2024/1/10（水）リリース
発売・販売：ツイン

2023 ベスト

1.『PATHAAN ／パターン』
シッダールト・アーナンド

2.『コカイン・ベア』
エリザベス・バンクス

3.『マガディーラ　勇者転生』
S・S・ラージャマウリ

4.『クライムズ・オブ・ザ・フューチャー』
デヴィッド・クローネンバーグ

5.『ヤマドンガ』
S・S・ラージャマウリ

6.『アステロイド・シティ』
ウェス・アンダーソン

7.『コペンハーゲン・カウボーイ（ネトフリドラマ）』
ニコラス・ウィンディング・レフン

8.『エブリシング・エブリウェア・オール・アット・ワンス』
ダニエル・クワン、ダニエル・シャイナート

9.『マーベルズ』
ニア・ダコスタ

10.『戦慄怪奇ワールド コワすぎ！』
白石晃士

2024 注目作

1.『Tiger 3』

2.『シャクラ』

3.『フュリオサ』

映画の華といえば「派手なウソ」に尽きる。その点で派手さに振り切った時のインド映画のウソには平身低頭せざるを得ない。2023年ベスト1位はキング・オブ・ボリウッドことシャー・ルク・カーン主演で派手ウソつるべ打ちの傑作。期待作1位は2012年公開の『タイガー　伝説のスパイ』シリーズ3作目で『PATHAAN／パターン』と2020年公開の『WARウォー!!』とで「YRF（ヤシュ・ラージ・フィルム）スパイ・ユニバース」なる世界観を共有する作品。超ド級にド派手なウソ待ったナシ！　日本公開を熱く期待&希望！

他の期待作はドニー・イェン新作とMMFRスピンオフ。あとは『ジョーカー』続編、ハイローザム監督の『ゴールデン・カムイ』あたりが楽しみ。

品川亮

2023ベスト

1.『熊は、いない』
ジャファル・パナヒ

2.『VORTEX ヴォルテックス』
ギャスパー・ノエ

3.『TAR ター』
トッド・フィールド

4.『レッド・ロケット』
ショーン・ベイカー

5.『ザ・キラー』
デヴィッド・フィンチャー

6.『キラーズ・オブ・ザ・フラワームーン』
マーチン・スコセッシ

7.『フェイブルマンズ』
スティーブン・スピルバーグ

8.『ハイジャック』
ジム・フィールド・スミス

9.『ジャン＝リュック・ゴダール 反逆の映像作家』
シリル・ルティ

10.『シュリンキング：悩めるセラピスト』
ジェームズ・ポンソルト

2024注目作

1.『哀れなるものたち』
ヨルゴス・ランティモス

2.『ボーはおそれている』
アリ・アスター

3.『フュリオサ』
ジョージ・ミラー

『熊は、いない』 9月15日（金）より新宿武蔵野館ほか全国順次公開
©2022_JP Production_all rights reserved

①現実とこれ見よがしに戦うのではなく、ひたすら映画の力によってすべてを呑み込もうとする強かな意志と、だれにも真似できないその腕力に。②（以下は順不同）体験としての映画をまたしても別のかたちで見せたことに。③＋④今の時代の〝ダメ〟を〝ダメ〟の側から描き出すという危険かつ聡明な試みであるがゆえに。⑤プロの失敗の仕方という意味で示唆的だから。⑥〝バカ〟も〝悪〟であることを端的に示すがゆえに。⑦期待を裏切るその身ぶりに。⑧手垢のついたこのジャンルにもかかわらず久しぶりに最後まで振り回されたから。⑨単にゴダール愛から。⑩ハリソン・フォードの役がひたすら愛らしく見えるがゆえに。2024年の3本はすべて注目というより怖々蓋を開けたい。

柴崎祐二

2023 ベスト

1.『スキンレスナイト
　—デジタルレストア版—』
　望月六郎

2.『エドワード・ヤンの恋愛時代
　4K レストア版』
　エドワード・ヤン

3.『フェイブルマンズ』
　スティーブン・スピルバーグ

4.『ザ・クリエイター／創造者』
　ギャレス・エドワーズ

5.『グランツーリスモ』
　ニール・ブロムカンプ

6.『BAD LANDS　バッド・ランズ』
　原田眞人

7.『殺人捜査線』
　ドン・シーゲル

8.『少年』
　チェン・クンホウ

9.『デヴィッド・ボウイ
　ムーンエイジ・デイドリーム』
　フレット・モーゲン

10.『キラーズ・オブ・ザ・フラワームーン』
　マーチン・スコセッシ

『スキンレスナイト　デジタルレストア版』
監督：望月六郎
出演：石川欣、八神康子
提供：ハンドメイドビジョン　配給：フルモテルモ
© イースタッフユニオン

2024 注目作

1.『悪は存在しない』
　濱口竜介

2.『瞳をとじて』
　ビクトル・エリセ

3.『Joker Folie a Deux』
　トッド・フィリップス

　1位はダントツ。70年代に未練を残す男が、映画への愛をふりまく。ほとんど「アントワーヌ・ドワネル」シリーズ、中でも『逃げ去る恋』のような情けなさ、甘美さが、失われつつある東京の風景に滲む。埋もれた90年代邦画のリマスター上映、是非活性化してほしい。『エドワード・ヤンの恋愛時代』は、その政治性と映画的美のアクロバティックな、けれどもあまりにメロウな接合に驚く。

　おしなべて、自分は自伝／評伝めいた映画に目がないというのを再認識した一年。評伝とは歴史を再編纂するに等しい行為だが、だからこそ、鮮やかな編纂を行うためには、確かな視点と構成、美学が必要となる。それは、ものを書くという行為にとってもすべからく必要なものだと思う。

城定秀夫

2023 ベスト

1.『ノック　終末の訪問者』
M・ナイト・シャマラン

2.『トリとロキタ』
ジャン＝ピエール
＆リュック・ダルデンヌ

3.『逆転のトライアングル』
リューベン・オストルンド

4.『Pearl パール』
タイ・ウェスト

5.『658km、陽子の旅』
熊切和嘉

6.『FALL フォール』
スコット・マン

7.『福田村事件 』
森達也

8.『コンパートメント No.6』
ユホ・クオスマネン

9.『ブギーマン』
ロブ・サベッジ

10.『THE FIRST SLAM DUNK』
井上雄彦

『ノック 終末の訪問者』
4K Ultra HD+ ブルーレイ : 7,260 円（税込）
ブルーレイ +DVD: 5,280 円（税込）
発売元 : NBC ユニバーサル・エンターテイメント
© 2022 Universal Studios. All Rights Reserved.

今年は仕事の環境が色々と変わったため、映画を観る気力と体力が著しく低下してしまいました。上半期公開作が多いのは下半期に殆ど映画を観ていないからです。さしてホラー好きでもないのにホラーっぽいのが多いのは今の自分にとって一番気楽に見ることができるジャンルだからです。

仕事で疲れているときは映画の情報は極力シャットアウトしたいというタイプなので24年に何が公開されるのかも分かりません。

こんな状態でベストテン選ぶ資格ないですよね……すみません！

でもこの10本は本当にオモシロかった！

来年はもう少し映画が好きになりたいです。

なし

高橋ターヤン

2023 ベスト

1.『ムービング』
パク・インジェ、パク・ユンソ

2.『BAD CITY』
園村健介

3.『スパイダーマン：アクロス・ザ・スパイダーバース』
ホアキン・ドス・サントス、ケンプ・パワーズ、ジャスティン・K・トンプソン

4.『ハント』
イ・ジョンジェ

5.『SISU/ シス 不死身の男』
ヤルマリ・ヘランダー

6.『サンクチュアリ　- 聖域 -』
江口カン

7.『ワイルド・スピード／ファイヤーブースト』
ルイ・ルテリエ

8.『タイラー・レイク　命の奪還 2』
サム・ハーグレイブ

9.『オオカミ狩り』
キム・ホンソン

10.『カンダハル　突破せよ』
リック・ローマン・ウォー

2024 注目作

1.『犯罪都市　NO WAY OUT』

2.『Furiosa』
ジョージ・ミラー

3.『Gladiator 2』

２０２３年は配信ドラマの①に尽きる。１位から10位まで全部本作の各話にしようかと思ったほどだが、特に10話と11話の完成度は完全に映画を凌駕。続編が楽しみです。②における邦画バイオレンス映画の可能性、③のワクワク感、⑤のやればできる！感、令和の『魁！男塾』な⑦、80年代スプラッタ魂が息づく⑨など、楽しい作品を多く観ることができた1年でした。

２０２４年は続編モノばかりで恐縮ですが、韓国で超メガヒットとなった①は観客が見たいものをしっかり見せようという意気込みが感じられたし、ＭＣＵのようなミッドクレジットも超楽しかった。②③はオールタイムベスト級の作品の続編だけに、期待をせずにはいられない。他にも４の続編や『コブラ会』のファイナルシーズンなど楽しみな作品は多いデス。

高橋ヨシキ

2023ベスト

1.『Pearl パール』
タイ・ウェスト

2.『キングダム エクソダス ＜脱出＞』
ラース・フォン・トリアー

3.『ミュータント・タートルズ ミュータント・パニック！』
ジェフ・ロウ

4.『レッド・ロケット』
ショーン・ベイカー

5.『私がやりました』
フランソワ・オゾン

6.『母の聖戦』
テオドラ・アナ・ミハイ

7.『ドミノ』
ロバート・ロドリゲス

8.『異端の純愛』
井口昇

9.『ヒンターラント』
ステファン・ルツォビツキー

10.『リトル・マーメイド』
ロブ・マーシャル

2024注目作

1.『フュリオサ』
ジョージ・ミラー

2.『The Passion of the Christ: Resurrection』

3.『ノスフェラトゥ』

『Pearl パール』
Blu-ray ＆ DVD 12月23日発売　6,600円（税込）
発売元　株式会社ハピネットファントム・スタジオ
販売元　株式会社ハピネット・メディアマーケティング
© 2022 ORIGIN PICTURE SHOW LLC. ALL RIGHTS RESERVED.

それが何であれ、何かしらを徹底している映画は美しい。ベストテンに挙げた映画はどれもそういう作品で、たとえば『ドミノ』では「いくらでも深度をもたせられる題材にも関わらず、それを良しとせず一定のレベルのエンターテインメントに留めること」が、また『リトル・マーメイド』は「どれほどバックラッシュがあろうが、我々の描く未来はレインボーに輝いているのだ」という意思表示が徹底されていた。井口昇監督『異端の純愛』は、「多様性」というモチーフが都合よく供給され消費される時代にあって（今年はそういう映画が何本もあった）、「逸脱」という辺境に佇む人間の孤独な魂の深奥に迫った真のアウトサイダー映画であり、誇り高く気高い。

田野辺尚人

2023ベスト

1.『バニシング・ポイント』
リチャード・C・サラフィアン

2.『ドラゴン怒りの鉄拳』
ロー・ウェイ

3.『宇宙探索編集部』
コン・ダーシャン

4.『ジャッカス　FOREVER』
ジェフ・トレメイン

5.『ベイビーわるきゅーれ２ベイビー』
阪元裕吾

6.『オクス駅お化け』
チョン・ヨンギ

7.『戦慄怪奇ワールド　コワすぎ！』
白石晃士

8.『先生！口裂け女です！』
ナカモトユウ

9.『シン・ちむどんどん』
ダースレイダー、プチ鹿島

10.『I AM JAM ピザの惑星危機一髪！』
辻凪子

『バニシング・ポイント』
©1971 Twentieth Century Fox Film Corporation. Renewed. 1999 Twentieth Century Fox Film Corporation. All Rights Reserved.

小学3年生で観た大好きな2本のリバイバルがあり問答無用の2強が同点①。中国の学生が出版不況の恐怖とUFO捜査を描く他人事ではない③。迷惑系YouTuberとは根性が違う④は配信で。⑤の阪元監督にはいつか『デストロ２４６』を映画化してほしい。⑥、⑦とホラー映画も大きく変わった。カナザワ映画祭出身監督のホラー・アクションと藤原カクセイ造形の口裂け女が凄い⑧はもっと観られるべき。ダースレイダーとプチ鹿島の沖縄選挙取材が苦い結末を迎える⑨に対しサイレント映画の不思議な映画⑩が救いの光明。

２０２４年、一番の期待は『T・Pぼん』。実写やCGでは絶対に描けない時間冒険ドラマだ。

2024注目作

1.『T・Pぼん（タイムパトロールぼん）』
Netflix、安藤真裕

2.『ジョーカー２
Joker: Folie a Deux』
トッド・フィリップス

3.『辰巳』
小林紘史

月永理絵

2023ベスト

1.『王国（あるいはその家について）』
草野なつか

2.『サントメール ある被告』
アリス・ディオップ

3.『ラジオ下神白』
小森はるか

4.『ファースト・カウ』
ケリー・ライカート

5.『アル中女の肖像』
ウルリケ・オッティンガー

6.『小説家の映画』
ホン・サンス

7.『フェイブルマンズ』
スティーブン・スピルバーグ

8.『ライク＆シェア』
ギナ・S・ヌール

9.『あしたの少女』
チョン・ジュリ

10.『私の大嫌いな弟へ ブラザー＆シスター』
アルノー・デプレシャン

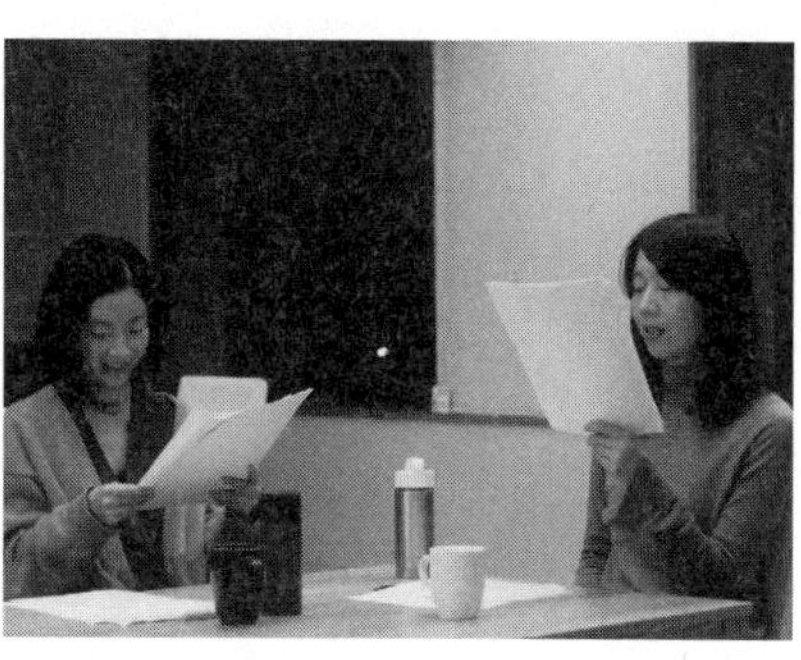
『王国（あるいはその家について）』
12月9日(土)より、ポレポレ東中野ほか全国順次公開
配給　コギトワークス
監督：草野なつか　出演：澁谷麻美、笠島智、足立智充

ベスト3に選んだのはどれも「声」に圧倒された作品。なかでも初上映から数年を経てようやく劇場公開となった『王国（あるいはその家について）』は、俳優たちの声を通じて、演じるとは何か、語る身体を映すとはどういうことか、つまり映画とは何か、という根源的な問いを突きつける傑作。４位以下は、ホン・サンスの新作からリバイバルによって発見した『アル中女の肖像』、大阪アジアン映画祭でグランプリを受賞し公開が待ち望まれる『ライク&シェア』まで、新たな女性表象を考えさせる作品が揃った。もちろん男性たちのロマンティックな繋がりを描いた『ファースト・カウ』も忘れてはいけない。そして２０２４年注目作もまた「声」と「女性たち」の映画だ。

2024注目作

1.『瞳をとじて』
ビクトル・エリセ

2.『夜明けのすべて』

3.『すべての夜を思い出す』

てらさわホーク

2023ベスト

順不同

『キラーズ・オブ・ザ・フラワームーン』
マーチン・スコセッシ

『カード・カウンター』
ポール・シュレイダー

『ベネデッタ』
ポール・ヴァーホーヴェン

『Pearl パール』
タイ・ウェスト

『フェイブルマンズ』
スティーブン・スピルバーグ

『クライムズ・オブ・ザ・フューチャー』
デヴィッド・クローネンバーグ

『スパイダーマン：アクロス・ザ・スパイダーバース』
ホアキン・ドス・サントス、ケンプ・パワーズ、ジャスティン・K・トンプソン

『SISU/ シス 不死身の男』
ヤルマリ・ヘランダー

『ロキ（シーズン 2）』
ジャスティン・ベンソン＆アーロン・ムーアヘッド

『ロスト・フライト』
ジャン＝フランソワ・リシェ

スコセッシ、シュレーダー、クローネンバーグにヴァーホーヴェン、さらにスピルバーグ。70代80代あたりまえ！のジジイ力に捻じ伏せられ続けた1年であった。ベスト俳優は『クライムズ～』のクリステン・スチュワート。美女が挙動不審で素晴らしかった。アメコミ枠は画も動きもドラマも見事すぎた『スパイダーバース』、丁寧に丁寧にキャラクターを描ききった『ロキ』。『SISU』や『パール』『ロスト・フライト』はタイトながらギョッとするような逸脱もある。こんな映画がもっと観たい。24年はシュレーダー新作の煮詰まり具合、ゴジラとコングがバカの限界を突破すること、そしてガーフィールドの大ブレイクに期待したい。

2024注目作

1.『マスター・ガーデナー』

2.『ゴジラ×コング：ザ・ニュー・エンパイア』

3.『ガーフィールド』

戸田真琴

2023 ベスト

1.『エブリシング・エブリウェア・オール・アット・ワンス』
ダニエル・クワン、ダニエル・シャイナート

2.『怪物』
是枝裕和

3.『エドワード・ヤンの恋愛時代 4K レストア版』
エドワード・ヤン

4.『ザ・ホエール』
ダーレン・アロノフスキー

5.『ケイコ、目を澄ませて』
三宅唱

6.『TAR ター』
トッド・フィールド

7.『別れる決心 』
パク・チャヌク

8.『aftersun アフターサン』
シャーロット・ウェルズ

9.『セールス・ガールの考現学』
ジャンチブドルジ・センゲドルジ

10.『フェイブルマンズ』
スティーブン・スピルバーグ

『エブリシング・エブリウェア・オール・アット・ワンス』
© Yash Raj Films Pvt. Ltd., 2023. All Rights Reserved.

Blu-ray ／ DVD 好評発売中
発売元・販売元：ギャガ
4K ULTRA HD ＋ Blu-ray（2 枚組）【初回生産限定】
スチールブック仕様：￥9,020（税込）
DVD：￥4,290（税込）

2024 注目作

1.『瞳をとじて』
ビクトル・エリセ

2.『哀れなるものたち』
ヨルゴス・ランティモス

3.『劇場版魔法少女まどか☆マギカ〈ワルプルギスの回天〉』

今語るべきは「誰の物語」なのか？という意識がついに張り詰めた印象の２０２３年。エブエブに世界が熱狂したことがひとつの答えだったように思う。『ザ・ホエール』で描かれた罪の意識と解脱、『ＴＡＲ』で描かれたレズビアン強者女性のトキシック・マスキュリニティ。強烈な個人を描くために構造から練られた良作にあふれていた。旧作リマスターでは念願の『エドワード・ヤンの恋愛時代』！群像劇は個人映画に似ている、宇宙が脳内と似ているように。『怪物』『ケイコ』など日本映画も実直にいい作品を重ねている。『別れる決心』は壊れゆく愛とエレガンスを演出する色彩感覚に惚れ惚れ。スピルバーグの自伝は素朴なのが良かった。

とびきりの注目作はビクトル・エリセの長編。そして冬にはついにまどマギの続編！　予習万全で挑みたい。

Knights of Odessa

2023ベスト

1.『La Chimera』
アリーチェ・ロルヴァケル

2.『Here』
バス・ドゥヴォス

3.『夜のロケーション』
マルコ・ベロッキオ

4.『Human Flowers of Flesh』
ヘレナ・ヴィットマン

5.『ゴンドラ』
ファイト・ヘルマー

6.『Do Not Expect Too Much from the End of the World』
ラドゥ・ジュデ

7.『Trenque Lauquen』
Laura Citarella

8.『ミュージック』
アンゲラ・シャーネレク

9.『Red Rooms』
パスカル・プラント

10.『BlackBerry』
マット・ジョンソン

2024注目作

1.『瞳をとじて』
ビクトル・エリセ

2.『Totem』
リラ・アヴィレス

3.『すべての夜を思い出す』
バス・ドゥヴォス

今年は素晴らしい作品に多く出会えたので10本選ぶのが大変だったが、上位2作だけはすぐに決まった。ロルヴァケルは苦手な作家という印象だったが、イタリア3000年史の中を漂うような感覚に至る新作は非の打ち所がない。また、大好きな作家の一人であるバス・ドゥヴォスの新作『Here』も素晴らしく、過去作から積み上げた手法を用いながら、過去作にはないほどの希望が感じられた。意識的に選んだわけではないが、今年は時間がゆったりと流れ、余白の多い作品が多くランイクインしており、改めて自分の好みを知る機会となった。とはいえ、波のように漂流・反復する『Human Flowers of Flesh』の時間と、神話を再創造する『ミュージック』の時間は異なるものであり、同じ"ゆったりとした時間"でも様々なアプローチがあることも、このランキングが証明している。注目作もその観点から選んだ。映画の余白に身を浸す三本だ。

中沢俊介

2023ベスト

1.『ガーディアンズ・オブ・ギャラクシー：VOLUME 3』
ジェームズ・ガン

2.『ミュータント・タートルズ　ミュータント・パニック！』
ジェフ・ロウ

3.『スパイダーマン：アクロス・ザ・スパイダーバース』
ホアキン・ドス・サントス、ケンプ・パワーズ、ジャスティン・K・トンプソン

4.『ザ・フラッシュ』
アンディ・ムスキエティ

5.『マーベルズ』
ニア・ダコスタ

6.『シャザム！～神々の怒り～』
デヴィッド・F・サンドバーグ

7.『アントマン＆ワスプ：クアントマニア』
ペイトン・リード

8.『シン・仮面ライダー』
庵野秀明

9.『ダンジョンズ＆ドラゴンズ／アウトローたちの誇り』
ジョナサン・ゴールドスタイン

10.『ゴーストワールド』
テリー・ツワイゴフ

ベスト10には（あえて）入れていませんが、２０２３年は『ブルービートル』が日本で劇場公開されなかった年」として自分の記憶に残りそうです。ちょっと前なら、ある程度の規模のアメコミ映画なら、とりあえず映画館で見られたのに……そういった意味で、２０２４年も『クレイヴン・ザ・ハンター』や、まだ日本での公開が決まっていないらしきコミック原作映画『Shortcomings』の動向に引き続き注目したいと思います。⑧は同時期にＮＨＫで放送されたドキュメンタリー番組も含めて、楽しませていただきました。映画単体ではなく、副産物も込みでの評価なんて…とも思いつつ、それを言うなら、自分が追っかけているＭＣＵその他の米国産スーパーヒーロー映画だって…ということで。

2024注目作

1.『アクアマン／失われた王国』

2.『クレイヴン・ザ・ハンター』

3.『Shortcomings』

夏目深雪

2023 ベスト

1. **『郊外の鳥たち』**
   チウ・ション
2. **『ソウルに帰る』**
   ダヴィ・シュー
3. **『マネーボーイズ』**
   C.B. Yi
4. **『世界が引き裂かれる時』**
   マリナ・エル・ゴルバチ
5. **『ミュージック』**
   アンゲラ・シャーネレク
6. **『ロングショット』**
   ガオ・ポン
7. **『理想郷』**
   ロドリゴ・ソロゴイェン
8. **『コンパートメント No.6』**
   ユホ・クオスマネン
9. **『ラ・メゾン 小説家と娼婦』**
   アニッサ・ボンヌフォン
10. **『星くずの片隅で』**
    ラム・サム

2024 注目作

1. **『ボーはおそれている』**
   アリ・アスター
2. **『哀れなるものたち』**
   ヨルゴス・ランティモス
3. **『ゴースト・トロピック』**
   バス・ドゥヴォス

ベスト10は中華圏の作品が目立ち、嬉しい限り。

注目作は、アジアは別途コラムにしたのでそれ以外から。『ボーはおそれている』は狂ったユーモアと悪夢が繰り返し訪れるカフカ的なオデッセイ。映画を見る驚きと喜びをこれ程感じさせてくれた映画はない。

『哀れなるものたち』は『ラ・メゾン 小説家と娼婦』と、セックスや売春を通して女性の自由や解放、自立性を描いている点で共鳴している。美術や豚と鶏のミックスの動物など細部も素晴らしい。

台北映画祭で観たバス・ドゥヴォスの『ゴースト・トロピック』と『Here』が公開。彼の作品は、どの映画も目に心地よい驚きを与え、『Violet』と『Hellhole』も公開希望。処女作『Violet』で少年たちがするダンスみたいな華麗なBMXのシーンに魅せられた。

『郊外の鳥たち』
©BEIJING TRANSCEND PICTURES ENTERTAINMENT CO., LTD. , QUASAR FILMS, CFORCE PICTURES, BEIJING YOSHOW FILMS CO., LTD. , THREE MONKEYS FILMS. SHANGHAI, BEIJING CHASE PICTURES CO., LTD. ,KIFRAME STUDIO, FLASH FORWARD ENTERTAINMENT / ReallyLikeFilms

ナマニク（氏家譲寿）

2023 ベスト

1. 『Speak No Evil』
クリスチャン・タフドルップ
2. 『Cobweb』
サミュエル・ボダン
3. 『Infinity Pool』
ブランドン・クローネンバーグ
4. 『Inside』
Vasilis Katsoupis
5. 『SISU/ シス 不死身の男』
ヤルマリ・ヘランダー
6. 『レンフィールド』
クリス・マッケイ
7. 『呪餐 悪魔の奴隷』
ジョコ・アンワル
8. 『帰れない二人の刑事』
松野友喜人
9. 『VORTEX ヴォルテックス』
ギャスパー・ノエ
10. 『理想郷』
ロドリゴ・ソロゴイェン

2024 注目作

1. 『テリファー３』
2. 『MaXXXine』
3. 『Night Swim』

『Speak No Evil』がぶっちぎりで印象に残った。ていうか、トラウマになってしまい、しばらく他の映画が観られなくなってしまったほど。『Cobweb』はShudder配信作品で今年一番。迂闊に子供に見せると、死ぬまで後ろめたい思いを抱いて人生を送ることになる悪夢映画だ。唯一の邦画、『帰れない二人の刑事』は二人と刑事が張り込みをしながら、漫才のようなやり取りをするだけの会話劇。上映会でしか観られない作品だが。それ故、破壊力は凄まじい。またデフォーの一人芝居『Inside』を早く日本公開してほしい限りだ。注目作については『Night Swim』のデキが一番気になるところ。

西森路代

2023 ベスト

1. 『ハント』
イ・ジョンジェ
2. 『星くずの片隅で』
ラム・サム
3. 『別れる決心』
パク・チャヌク
4. 『アシスタント』
キティ・グリーン
5. 『ベイビーわるきゅーれ 2ベイビー』
阪元裕吾
6. 『私のプリンス・エドワード』
ノリス・ウォン
7. 『イ・チャンドン アイロニーの芸術』
アラン・マザール
8. 『MY (K)NIGHT マイ・ナイト』
中川龍太郎
9. 『BE:the ONE』
オ・ユンドン、キム・ハミン
10. 『はこぶね』
大西諒

1. 『コンクリート・ユートピア』
2. 『犯罪都市 NO WAY OUT』
3. 『燈火は消えず』

仮ビジュアル

『ハント』
© 2022MEGABOXJOONGANG PLUS M, ARTIST STUDIO & SANAI PICTURES ALL RIGHTS RESERVED.

2024年2月2日（金）
豪華版 Blu-ray・DVD 発売
豪華版 DVD：5,280円（税込）
豪華版 Blu-ray：6,380円（税込）
発売元：クロックワークス
販売元：TC エンタテインメント

韓国では史実と絡めたノワールというものは減りつつあるが、イ・ジョンジェが監督・脚本・主演を務めた『ハント』は、堂々たる韓国のポリティカル・ノワールだった。

『MY (K)NIGHT マイ・ナイト』は、LDHに所属するTHE RAMPAGEのボーカリスト三人がデート・セラピストを演じ、女性たちを救う物語。概要を聞いて惹かれる人は少ないだろうが、ミソジニーや「有害な男らしさ」を極力排除して描いた作品でクリティカルな作品であった。

香港映画といえばアクションやノワールのイメージがあったが、コロナ禍に喘ぐ市民に寄り添った『星くずの片隅で』のように、最近は生活に根差した作品に光るものが多くなっている。これからも香港映画はチェックしていきたい。

長谷川町蔵

2023 ベスト

1.『エブリシング・エブリウェア・オール・アット・ワンス』
ダニエル・クワン、ダニエル・シャイナート

2.『ガーディアンズ・オブ・ギャラクシー：VOLUME 3』
ジェームズ・ガン

3.『シアター・キャンプ』
モリー・ゴードン、ニック・リーバーマン

4.『バービー』
グレタ・ガーウィグ

5.『ゼイ・クローン・タイローン 俺たちクローン？』
ジュエル・テイラー

6.『逆転のトライアングル』
リューベン・オストルンド

7.『バト・ミツバにはゼッタイ呼ばないから』
サミ・コーエン

8.『コカイン・ベア』
エリザベス・バンクス

9.『クイズ・レディー』
ジェシカ・ユー

10.『ハロウィン・キラー』
ナーナチカ・カーン

2024 注目作

1.『哀れなるもの』

2.『ネクスト・ゴール・ウィンズ』

3.『ダム・マネー ウォール街を狙え！』

立派な映画は他の方が挙げると思うので、コメディ縛りで選んでみた。以下、自分しか選ばなさそうな作品の短評。③演劇に特化したアメリカの子供向けサマーキャンプを舞台にした群像劇。クライマックスの作中ミュージカルのハイクオリティさに驚く。⑤ジョーダン・ピールが開拓した「黒いSFホラー」の最新形。90年代ヒップホップを聴いていないとオチの面白さが分からないので注意。⑨小林聡美と室井滋主演で90年代に撮られた日本映画のリメイクと言われたら信じてしまいそう。⑩現代の女子高生が80年代にタイムトラベルするSFホラーコメディだが、これまでにない時代ギャップ・ギャグが新鮮。⑦については別途まとめて書きます。

『エブリシング・エブリウェア・オール・アット・ワンス』
Blu-ray ／ DVD 好評発売中　発売元・販売元：ギャガ
4K ULTRA HD ＋ Blu-ray（2 枚組）【初回生産限定】スチールブック仕様：¥9,020（税込）
DVD：¥4,290（税込）

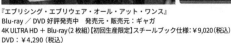

はるひさ

2023 ベスト

1.『TALK TO ME ／トーク・トゥ・ミー』
ダニー・フィリッポウ、マイケル・フィリッポウ

2.『赤と白とロイヤルブルー』
マシュー・ロペス

3.『バイオレント・ナイト』
トミー・ウィルコラ

4.『search ／ # サーチ 2』
ウィル・メリック、ニック・ジョンソン

5.『死霊のはらわた ライジング』
リー・クローニン

6.『ヴァチカンのエクソシスト』
ジュリアス・エイヴァリー

7.『容疑者 X』
スジョイ・ゴーシュ

8.『ノーウェア　漂流』
アルベルト・ピント

9.『ハート・オブ・ストーン』
トム・ハーパー

10.『誰も助けてくれない』
ブライアン・ダフィールド

2024 注目作

1.『梟 - フクロウ -』

2.『ゴーストバスターズ / フローズン・サマー』

3.『ファイブ・ナイツ・アット・フレディーズ』

A24ホラー史上最高興収を記録!
TALK TO ME
トーク・トゥ・ミー
12·22

今年は配信サービスオリジナル作品に良作が多かった印象。特に『赤と白とロイヤルブルー』や『容疑者X』は原作の要素をうまく映像化していて、気づくと登場人物にすっかり心を奪われていた。孤立する女性が接近遭遇するSFスリラー『誰も助けてくれない』は、ほぼセリフのない実験的作品であるせいか、ラストの逆転のカタルシスに爽快感が増した。そんなわけで個人的には今後もオリジナル作品には期待しかない。

来年の公開予定作品では、世子の壮絶な死を目撃した昼盲症の針術師が、その真相を解明するサスペンススリラー『梟-フクロウ-』がちょう気になる。『王の男』で助監督を務めたアン・テジン監督の初長編作品というから大注目だ。

樋口泰人

2023 ベスト

1. 『EO イーオー』
イエジー・スコリモフスキ
2. 『アルマゲドン・タイム ある日々の肖像』
ジェームズ・グレイ
3. 『私の大嫌いな弟へ ブラザー＆シスター』
アルノー・デプレシャン
4. 『アステロイド・シティ』
ウェス・アンダーソン
5. 『バービー』
グレタ・ガーウィグ
6. 『インディ・ジョーンズと運命のダイヤル』
ジェームズ・マンゴールド
7. 『スパイダーマン：アクロス・ザ・スパイダーバース』
ホアキン・ドス・サントス、ケンプ・パワーズ、ジャスティン・K・トンプソン
8. 『キングダム エクソダス＜脱出＞』
ラース・フォン・トリアー
9. 『レッド・ロケット』
ショーン・ベイカー
10. 『自分革命映画闘争』
石井岳龍

『EO イーオー』

2024 注目作

1. 『夜明けのすべて』
三宅唱
2. 『ファースト・カウ』
ケリー・ライカート
3. 『ショーイング・アップ』
ケリー・ライカート

『アステロイド・シティ』の中の「目覚めたければ眠れ」というセリフが2023年という年の映画の在り方を物語っている。コロナにオーバーラップするように戦争が世界の風景を一気に変えたとき、果たして今、映画を観ることと映画を作ることとはどういうことなのか、映画にかかわるすべての人に投げかけられた問いに対するひとつの答えがそこにあると思う。その眠りの中でイエジー・スコリモフスキなら何のためらいもなくロバとなり、ジョン・カーペンターなら無理やりサングラスを手渡すはずだ。誰も振り返りもしないロバや何の変哲もないサングラスへとわれわれを改造する映画……。ばかばかしくにぎやかで役に立たない闘争の時が来ているように思う。

ヒロシニコフ

2023ベスト

1.『ベネデッタ』
ポール・ヴァーホーヴェン

2.『プー あくまのくまさん』
リース・フレイク＝ウォーターフィールド

3.『ガーディアンズ・オブ・ギャラクシー：VOLUME 3』
ジェームズ・ガン

4.『Pearl パール』
タイ・ウェスト

5.『クライムズ・オブ・ザ・フューチャー』
デヴィッド・クローネンバーグ

6.『世界の終わりから』
紀里谷和明

7.『VORTEX ヴォルテックス』
ギャスパー・ノエ

8.『エドワード・ヤンの恋愛時代 4K レストア版』
エドワード・ヤン

9.『MEG ザ・モンスターズ 2』
ベン・ウィートリー

10.『イニシェリン島の精霊』
マーティン・マクドナー

2024注目作

1.『レヴィジア（原題）』
オラフ・イッテンバッハ

2.『吐きだめの悪魔』（リメイク）
ライアン・クルーガー

3.『マキシーン（原題）』
タイ・ウェスト

『ベネデッタ』
Blu-ray、DVD 好評発売中
Blu-ray：¥6,380（税込）　DVD：¥4,400（税込）
発売元：クロックワークス
販売元：ハピネット・メディアマーケティング
© 2020 SBS PRODUCTIONS - PATHÉ FILMS - FRANCE 2 CINÉMA - FRANCE 3 CINÉMA

コロナ禍も落ち着き、続々製作された新作が押し寄せた2023年。バーホーヴェンやアルジェント、クローネンバーグの新作が銀幕を駆け抜け「今は西暦何年?」と困惑するラインナップに。さらにこれらが一様にクセの強い傑作なので、改めて個性派ベテラン監督の腕にひれ伏すばかり。しかし本年の作品は世相を受けてか、厭世的かつ世界が個人に収束するミクロな作品が多かったように思う（そんな中で、ブロックバスター映画に抜擢されるも己が個性を貫いたベン・ウィートリーの孤軍奮闘が光る）。2024年はどうだろうか。円安も止まらず洋画の買い付けも先行き不安な感が漂うが、せめて映画そのものは小さく纏まらず、景気よくブッ飛んだものが観たい！　人体破壊100連発とか。

藤田直哉

2023 ベスト

1.『エア』
アレクセイ・ゲルマン・ジュニア

2.『ほかげ』
塚本晋也

3.『君たちはどう生きるか』
宮崎駿

4.『スパイダーマン：アクロス・ザ・スパイダーバース』
ホアキン・ドス・サントス、ケンプ・パワーズ、ジャスティン・K・トンプソン

5.『福田村事件』
森達也

6.『真昼の女』
バーバラ・アルバート

7.『キラーズ・オブ・ザ・フラワームーン』
マーティン・スコセッシ

8.『漁師』
ポール・ソリアーノ

9.『ゴジラ -1.0』
山崎貴

10.『波紋』
荻上直子

『エア』 © LLC METRAFILMS ©Metrafilms

戦争や過去の惨劇を描く作品に力作が多かった。昨今の世界情勢に刺激を受け、そこに映画によって介入し、歴史の流れを変えようとする切迫感を強く感じる。特に、女性や少数民族など、これまで大作のエンターテインメントが中心にしずらかった人々の視点から過去や事件や事象を描く作品に、強い新鮮さを感じた。『エア』のロシア・ナショナリズムの側面は手放しで賞賛できはしないが、ただただ陰惨な戦場をひたすら描くことが、今では倫理となる。期待の作品の二作は、「この社会」に直接介入せんとする作品だが、中国はじめ世界でのアニメの展開にも注目される。アニメによる新しいアイデンティティと連帯が、戦争を防ぐ力になるのを期待する。

2024 注目作

1.『オッペンハイマー』
クリストファー・ノーラン

2.『深海レストラン』
ティエン・シャアポン

3.『ジョーカー 2』
トッド・フィリップス

古澤健

2023 ベスト

1. 『悪い子バビー』
   ロルフ・デ・ヒーア
2. 『鬼太郎誕生 ゲゲゲの謎』
   古賀豪
3. 『移動する記憶装置展』
   たかはしそうた
4. 『宇宙探索編集部』
   コン・ダーシャン
5. 『異端の純愛』
   井口昇
6. 『PLASTIC』
   宮崎大祐
7. 『二人静か』
   坂本礼
8. 『BLUE GIANT』
   立川譲
9. 『TAR ター』
   トッド・フィールド
10. 『ベネデッタ』
   ポール・ヴァーホーヴェン

『悪い子バビー』
10月20日(金)より、新宿武蔵野館ほか全国順次ロードショー
配給：コピアポア・フィルム
監督・脚本：ロルフ・デ・ヒーア
出演：ニコラス・ホープ、クレア・ベニート
© 1993 [AFFC/Bubby Productions/Fandango]

『悪い子バビー』はぶっちぎりで「映画」だった。いったいどこまで連れて行かれるのか不安に慄いた。深沢七郎と山下清の対談のようなやばい瞬間もあり、理知的なアウトサイダーアートでもあった。『鬼太郎誕生　ゲゲゲの謎』には作り手たちの本気と誠実さに水木先生も納得したのではないか。世界の豊穣さと深淵、それに耐えられない人間の貧しさを見つめた水木先生のまなざしを観客も生きることができた。3位以下の作品に順位はない。思いついた順番で並べてみたが、いずれの作品にも誠実な狂気がきちんと記録されていたように思う。宮崎大祐監督の『#ミトヤマネ』も入れたかった。誰もが孤軍奮闘しているけれど、宮崎監督の深い絶望と、それを裏切る映画そのものの希望には勇気づけられる。

2024 注目作

1. 『ペナルティループ』
2. 『ふたつの月に濡れる』
3. 『瞳をとじて』

堀潤之

2023ベスト

1.『犯罪者たち』
ロドリゴ・モレノ

2.『トルチュ島の遭難者たち』(1976)
ジャック・ロジエ

3.『フェイブルマンズ』
スティーブン・スピルバーグ

4.『メニュー・プレジール 〜レ・トロワグロ』
フレデリック・ワイズマン

5.『ヘンリー・シュガーのワンダフルな物語』『白鳥』『ネズミ捕りの男』『毒』
ウェス・アンダーソン

6.『バーナデット ママは行方不明』
リチャード・リンクレイター

7.『Terra』(2018)
鈴木仁篤／ロサーナ・トレス

8.『キラーズ・オブ・ザ・フラワームーン』
マーチン・スコセッシ

9.『せかいのおきく』
阪本順治

10.『独裁者たちのとき』
アレクサンドル・ソクーロフ

『犯罪者たち』
2023年の東京国際映画祭のワールドフォーカス部門にて東京国際映画祭との共催企画「第20回ラテンビート映画祭 IN TIFF」として上映
©ALIENTE GRACIA, ALTA ROCCA FILMS, MICRO CLIMAT
©VALIENTE GRACIA

層の厚いアルゼンチン映画界からラテンビート映画祭に送り込まれた『犯罪者たち』のジャンル混淆的な面白さは鮮烈だった。それに比べてフランス映画は良作も多いが小粒な印象は否めず、半世紀近く前のロジエの方がずっと冒険的ではないか。スピルバーグは映画を撮ることの業に迫っていて、自伝的でありながらスケールが大きい。齢90を超えて4時間をまったく飽きさせないドキュメンタリーを軽々と作り上げるワイズマンには、毎度ながら脱帽だ。その他、風景に眼差しを向ける映画の根源的な力を示した『Terra』や、思いがけない観点から時代劇に挑戦した『せかいのおきく』も印象に残った。来年は、新作が見られるとは思っていなかったエリセの復活が特に嬉しい。

2024注目作

1.『瞳をとじて』
ビクトル・エリセ

2.『夜明けのすべて』
三宅唱

3.『Kidnapped』
マルコ・ベロッキオ

町山智浩

2023ベスト

1.**『バービー』**
グレタ・ガーウィグ

2.**『オッペンハイマー』**
クリストファー・ノーラン

3.**『マエストロ　その音楽と愛と』**
ブラッドリー・クーパー

4.**『ガーディアンズ・オブ・ギャラクシー：VOLUME 3』**
ジェームズ・ガン

5.**『BEEF/ ビーフ』**
ジェイク・シュライアー、HIKARI、イ・サンジン

6.**『レッスン in ケミストリー』**
サラ・アディナ・スミス

7.**『キラーズ・オブ・ザ・フラワームーン』**
マーチン・スコセッシ

8.**『バビロン』**
デイミアン・チャゼル

9.**『フェイブルマンズ』**
スティーブン・スピルバーグ

10.**『ハンガー：飽くなき食への道』**
シティシリ・モンコルシリ

タイ映画『ハンガー』が映し出す現代タイのリッチさ、多様さ、すべて軽く日本映画をはるかに超えている。ハリウッドではアジア系アメリカ人をリアルに描くコメディが次々と人種を超えてヒットし続けている。しかし、今年の世界ナンバー1ヒットの『バービー』は日本だけでコケている。それはバーベンハイマーのせいだけでなく、冒頭で赤ちゃん人形を壊すギャグにすら「傷つけられた」などというほど立ち遅れた観客のカルチャーにも原因があるだろう。

2024注目作

1.**『ジョーカー　フォリアドゥ』**

2.**『マッドマックス　フュリオーサ』**

3.**『デッドプール３』**

それだから全世界でナンバー3ヒットの『オッペンハイマー』は日本だけで公開されないし、もう世界の映画興行は日本など必要ない状況になっている。

真魚八重子

2023 ベスト

1.『PERFECT DAYS』
ヴィム・ヴェンダース

2.『別れる決心』
パク・チャヌク

3.『不安は魂を食いつくす』
ライナー・ヴェルナー・ファスビンダー

4.『アル中女の肖像』
ウルリケ・オッティンガー

5.『聖地には蜘蛛が巣を張る』
アリ・アッバシ

6.『熊は、いない』
ジャファル・パナヒ

7.『ロストケア』
前田哲

8.『復讐の記憶』
イ・イルヒョン

9.『悪い子バビー』
ロルフ・デ・ヒーア

10.『Pearl パール』
タイ・ウェスト

『PERFECT DAYS』
12月22日（金）より TOHO シネマズ シャンテほか全国ロードショー！
配給：ビターズ・エンド　©2023 MASTER MIND Ltd.

2024 注目作

『MaXXXine』
タイ・ウェスト

年内駆け込みの『PERFECT DAYS』で、順位が全部ひとつずつ押していく形になってしまい、なんとなく『ほの蒼き瞳』を外してしまった。『PERFECT DAYS』はわたしにとって生涯の一本と思える作品だった。まさにギリギリのところで踏みとどまって生きている人間の、小さな幸福の映画。役所広司のラストショットの表情が素晴らしい。『別れる決心』も切なさ、もどかしさがあって「僕／私のことを理解できるのはあの人しかいない」という、誰よりも理解者だから一緒に生きられないという、個人的に刺さる恋愛映画。『聖地には蜘蛛が巣を張る』は色々と驚きがあった。フェミニズム的には、『バービー』よりこちらを観てほしい。来年の映画では『X』シリーズのラスト『MaXXXine』が楽しみ。

三田格

2023 ベスト

1.『イニシェリン島の精霊』
マーティン・マクドナー

2.『キングダム エクソダス<脱出>』
ラース・フォン・トリアー

3.『ファルコン・レイク』
シャルロット・ル・ボン

4.『熊は、いない』
ジャファル・パナヒ

5.『兎たちの暴走』
シェン・ユー

6.『別れる決心』
パク・チャヌク

7.『理想郷』
ロドリゴ・ソロゴイェン

8.『ウーマン・トーキング』
サラ・ポーリー

9.『推しの子』
平松大輔

10.『HE SAID
／シー・セッド その名を暴け』
マリア・シュラーダー

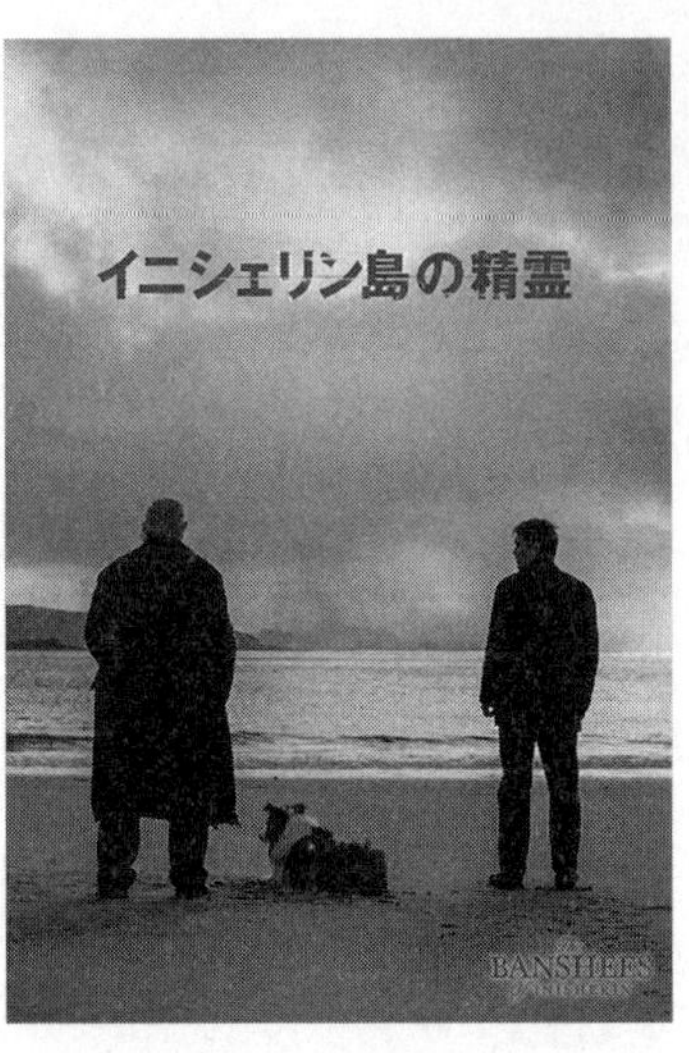

2023年は壮大なご近所トラブルが総じて面白かった。直接的な暴力にはない嫌がらせの陰湿さがどれも低レベルで、その虚しさに耐える醍醐味というか。『イニシェリン島』も『理想郷』も新自由主義が背後にあるので問題意識は深いものがあった反面、TVドラマ「ペンディング・トレイン」はご近所トラブルに時間旅行を掛け合わせ、同じく「ハヤブサ消防団」は新興宗教と地方移住を盛り込むなど発想に広がりがあって、それもまたよかった。#MeTooはまだ依然としてパワフルで、上記以外に『エリザベート1878』や『聖地には蜘蛛が巣を張る』も加えると男のバカを歴史として見せられた気に。ワーストは『岸辺露伴 ルーヴルへ行く』。

2024 注目作

1.『Mad Max：Furiosa』
ジョージ・ミラー

2.『哀れなるものたち』
ヨルゴス・ランティモス

3.『瞳をとじて』
ビクトル・エリセ

三留まゆみ

2023 ベスト

1.『ほかげ』
塚本晋也

2.『花腐し』
荒井晴彦

3.『鬼太郎誕生　ゲゲゲの謎』
古賀豪

4.『福田村事件』
森達也

5.『エンパイア・オブ・ライト』
サム・メンデス

6.『キエフ裁判』
セルゲイ・ロズニツァ

7.『聖地には蜘蛛が巣を張る』
アリ・アッバシ

8.『Single 8』
小中和哉

9.『君は行く先を知らない』
パナー・パナヒ

10.『ザ・クリエイター／創造者』
ギャレス・エドワーズ

2024 注目作

1.『オッペンハイマー』

2.『瞳を閉じて』

3.『青春ジャック
止められるか、俺たちを２』

『ゴジラ-1.0』を観た人は必ず『ほかげ』と『鬼太郎誕生 ゲゲゲの謎』を観るべし。いや、観なくてはいけない。そして考えるべし（早稲田松竹でやってくれないかな、この3本立て。あるいは新文芸坐のオールナイトで）。②恐るべし、脚本家・荒井晴彦、監督・荒井晴彦！そう、これが映画だ。『オッペンハイマー』の公開についてはまだ「未定」のようだが、なんとか公開に持っていってほしい。映画は観ることからはじまる。『瞳をとじて』はビクトル・エリセの31年ぶりの新作。『ミツバチのささやき』から50年後のアナ・トレントにも会える。『青春ジャック 止められるか、俺たちを2』は続編というより独立した一篇だ。前作で脚本を担当した井上淳一自身の物語で、震えるほどに「青春」していて泣く。井上映画の原点はここにあったのかと「彼女（ヒロイン）」を抱きしめたくなる。井上は荒井と共に『福田村事件』の脚本を書いていて、『REVOLUTION＋1』の脚本も書いている。２０２４年は満を持して井上の年になるかもしれない。

森直人

『別れる決心』
Blu-ray & DVD 好評発売中　5,500円（税込）
発売元：株式会社ハピネットファントム・スタジオ
販売元：株式会社ハピネット・メディアマーケティング
© 2022 CJ ENM Co., Ltd., MOHO FILM. ALL RIGHTS RESERVED

2023ベスト

1.『別れる決心』
パク・チャヌク
2.『TAR ター』
トッド・フィールド
3.『レッド・ロケット』
ショーン・ベイカー
4.『悪い子バビー』
ロルフ・デ・ヒーア
5.『月』
石井裕也
6.『aftersun アフターサン』
シャーロット・ウェルズ
7.『ぬいぐるみとしゃべる人はやさしい』
金子由里奈
8.『逃げきれた夢』
二ノ宮隆太郎
9.『小説家の映画』
ホン・サンス
10.『市子』
戸田彬弘

2024注目作

1.『瞳をとじて』

2.『笑いのカイブツ』

3.『違う惑星の変な恋人』

スピルバーグの『フェイブルマンズ』、クローネンバーグの『クライムズ・オブ・ザ・フューチャー』、カウリスマキの『枯れ葉』など、他に入れ込みたかったものも多数あり。４の『悪い子バビー』は、かつて『アブノーマル』との邦題でＶＨＳビデオが発売されていた１９９３年の豪・伊映画。伝説的な封印映画が狂い咲きの如く初日本劇場公開。ビクトル・エリセの31年ぶりの新作長編『瞳をとじて』は「最後の映画」レベルの感動に吃驚。『笑いのカイブツ』は主演の岡山天音が『キング・オブ・コメディ』（スコセッシ）のデ・ニーロに迫る怪演を見せる。木村聡志の『違う惑星の変な恋人』はタランティーノの『ジャッキー・ブラウン』的なグルーヴの中にスクリューボール・コメディをぶっこんだ趣。いずれも傑作。

森本在臣

2023 ベスト

1. 『理想郷』
ロドリゴ・ソロゴイェン
2. 『ゴジラ -1.0』
山崎貴
3. 『別れる決心』
パク・チャヌク
4. 『クライムズ・オブ・ザ・フューチャー』
デヴィッド・クローネンバーグ
5. 『BLUE GIANT』
立川譲
6. 『ヴァチカンのエクソシスト』
ジュリアス・エイヴァリー
7. 『search ／ # サーチ 2』
ウィル・メリック、ニック・ジョンソン
8. 『Pearl パール』
タイ・ウェスト
9. 『先生！口裂け女です！』
ナカモトユウ
10. 『オオカミ狩り』
キム・ホンソン

2024 注目作

1. 『Alien: Romulus』
2. 『劇場版 魔法少女まどか☆マギカ ワルプルギスの廻天』
3. 『The Covenant』

『理想郷』
11月3日（金・祝）より Bunkamura ル・シネマ 渋谷宮下、シネマート新宿ほか全国順次公開
配給：アンプラグド
©Arcadia Motion Pictures, S.L., Caballo Films, S.L., Cronos Entertainment, A.I.E,Le pacte S.A.S.

『理想郷』の雰囲気があまりにも良かったので、これをベストにしたい。『ゴジラ -1.0』はエンターテイメントに徹した故の良さが抜きん出ていて、『先生！口裂け女です！』もそうなのだけれど、今年は日本映画がかつてのダイナミズムを取り戻してきたような気配に嬉しくなった。あとは『search ／#サーチ2』や『Pearl パール』のような前作を超えてくる続編も印象深い。賛否両論の『オオカミ狩り』は、前半だけにしたらもっと絶賛されていただろうに、あえて後半のあの展開に持ち込んだチャレンジ精神を評価。来年の注目作は『エイリアン』のスピンオフと、ガイ・リッチーの戦争もの、そして何年も待っている『まどマギ』かな。来年も面白い映画に出会いたい。

柳下毅一郎

2023 ベスト

1.『キムズ・ビデオ』
デイヴィッド・レドモン、アシュリー・サビン

2.『カード・カウンター』
ポール・シュレイダー

3.『ザ・フラッシュ』
アンディ・ムスキエティ

4.『スパイダーマン　アクロス・ザ・スパイダーバース』
ホアキン・ドス・サントス、ケンプ・パワーズ、ジャスティン・K・トンプソン

5.『クライムズ・オブ・ザ・フューチャー』
デヴィッド・クローネンバーグ

6.『キラーズ・オブ・ザ・フラワームーン』
マーティン・スコセッシ

7.『アル中女の肖像』
ウルリケ・オティンガー

8.『アステロイド・シティ』
ウェス・アンダーソン

9.『枯れ葉』
キ・カウリスマキ

10.『どうすればよかったか？』
藤野知明

2024 注目作

1.『哀れなるものたち』
ヨルゴス・ランティモス

2.『青春』
王兵

3.『瞳をとじて』
ビクトル・エリセ

今年もまた、「ロード&ミラーにはずれなし」の格言を噛みしめる一年であった。『アクロス・ザ・スパイダーバース』は本当にすごかったので、これが一位でもよかった。でも完結してないのでね。選んだら老人の映画ばかりになってしまったが、こちらも年を取っているのでしょうがない。ポール・シュレイダーやクローネンバーグの映画を見ていると、「ああ、三つ子の魂百まで、とはこのことか……」としみじみ胸を打たれるのである。クローネンバーグの映画を見て人生を感じる昨今なのだ。

なお、『キムズ・ビデオ』と『どうすればよかったか？』は一般公開への期待もこめて入れておく。

山崎圭司

2023 ベスト

1.『聖地には蜘蛛が巣を張る』
アリ・アッバシ

2.『逆転のトライアングル』
リューベン・オストルンド

3.『死霊のはらわた ライジング』
リー・クローニン

4.『ダークグラス』
ダリオ・アルジェント

5.『VORTEX ヴォルテックス』
ギャスパー・ノエ

6.『ベネシアフレニア』
アレックス・デ・ラ・イグレシア

7.『エクソシスト 信じる者』
デビッド・ゴードン・グリーン

8.『屋根裏のアーネスト』
クリストファー・ランドン

9.『オオカミの家』
クリストバル・レオン、
ホアキン・コシーニャ

10.『忌怪島／きかいじま』
清水崇

『聖地には蜘蛛が巣を張る』
2023 年 10 月 4 日発売
DVD ￥4,290（税込）
発売・販売元：ギャガ
©Profile Pictures / One Two Films

イランの聖地で起きた街娼殺しに男尊女卑の深い病巣をえぐり出す①、格差社会の冷笑につい苦笑した②。アイルランド出身の監督を起用した③はスプラッターとやさぐれパンク感が合体した妙味に。敬愛するダリオ・アルジェントの現在地を確認した④と⑤、変形型ジャッロの⑥、問題児揃いの旧シリーズに対して優等生アプローチを試みた⑦も記憶に残る。今年はリバイバル上映も多く、旧作の真価を再確認。来年も80年代ハリウッドポルノ業界を女殺人鬼が闊歩する『マキシーン』、ティム・バートン監督36年ぶりの続編『ビートルジュース2』、新作『死霊館』で遂に霊媒ファーミガ姉妹の共演が実現か、と嬉しい話題満載。長生きしなくては。

 2024 注目作

1.『マキシーン（MaXXXine）』

2.『ビートルジュース２
(Beetlejuice 2)』

3.『死霊館：最後の儀式
（The Conjuring：Last Rites）』

吉川浩満

2023ベスト

1.『エブリシング・エブリウェア・オール・アット・ワンス』
ダニエル・クワン、ダニエル・シャイナート

2.『バービー』
グレタ・ガーウィグ

3.『首』
北野武

4.『TAR ター』
トッド・フィールド

5.『怪物』
是枝裕和

6.『ノック　終末の訪問者』
M・ナイト・シャマラン

7.『ゼイ・クローン・タイローン　俺たちクローン？』
ジュエル・テイラー

8.『M3GAN ミーガン』
ジェラルド・ジョンストン

9.『キエフ裁判』
セルゲイ・ロズニツァ

10.『フェイシズ』
ジョン・カサベテス

『エブリシング・エブリウェア・オール・アット・ワンス』
DVD&Blu-ray
2023年9月6日（水）発売
発売元・販売元　ギャガ
©2022 A24 Distribution, LLC. All Rights Reserved.

今年は私にしてはたくさん観た。仕事に追われていても締切を過ぎていてもかまわず観るという姿勢を貫いた結果、生活に張りと潤いがもたらされた気がする。来年も続けたい。さて、順位をつけてはみたものの、見方次第でどれが1位になってもおかしくない。今回は「よく作ったな」と感心した順に並べてみた（最後の2本は特集上映より）。順位はご覧の通りだが、是枝とシャマランの子役マジックの健在ぶりにも感銘を受けた。来年は、何はともあれ『猿の惑星』『ジョーカー』の新作・続編を観なければならない。『みなに幸あれ』の古川琴音がどうなっているのかも気になる。

2024注目作

1.『猿の惑星／キングダム』

2.『ジョーカー 2』

3.『みなに幸あれ』

涌井次郎

2023 ベスト

1.『ビデオドローム
　4K ディレクターズカット版』
デヴィッド・クローネンバーグ

2.『ゲット・クレイジー』
アラン・アーカッシュ

3.『クライムズ・オブ・ザ・
　フューチャー』
デヴィッド・クローネンバーグ

4.『Assassin of the Tsar』
カレン・シャフナザーロフ

5.『Prague Nights』
Jirí Brdecka、Milos Makovec、
Evald Schorm

6.『土忍記　風の天狗』
小沢啓一

7.『怪談せむし男』
佐藤肇一

8.『宇宙怪人ワンマグイ』
クォン・ヒョクジン

9.『Time of Roses』
Risto Jarva

10.『Visitors from the Arkana Galaxy』
Dusan Vukotic

2024 注目作

1.『カリギュラ　アルティメットカット』

2.『Infinity Pool』

3.『唐獅子仮面／ LION-GIRL』

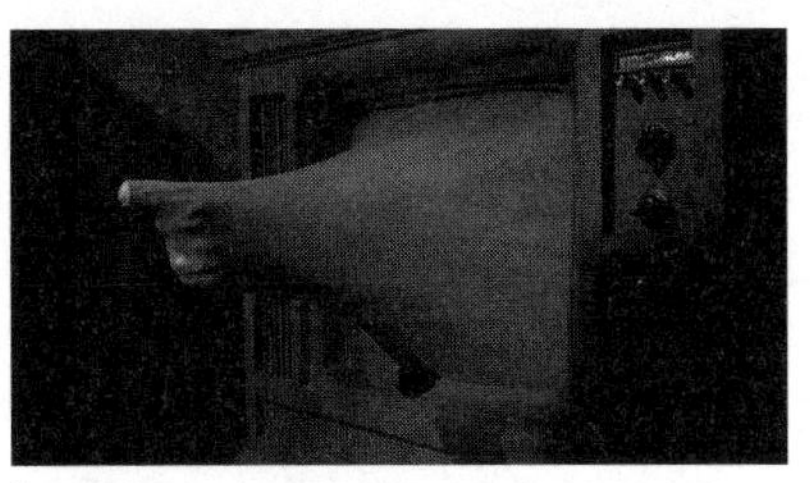

『テアトルクラシックス ACT.3
ビデオドローム 4K ディレクターズカット版』
©1982 Guradian Trust Company.All Rights Reserved.

映画館にはめったに行かないもんで、との泣き言に対し、では2023年発売の輸入版ソフトを対象に、という提案を頂く中、1位は劇場鑑賞もした『ビデオドローム』。シネコンの巨大スクリーンに「サムライドリーム」が映ってしまう日が来ようとは！ 同率1位『ゲット・クレイジー』は年末限定公開だった為、年間ベスト企画から漏れちだが、2022年の大晦日は生涯忘れ得ぬ劇場体験。23年末も再上映があるので、ちょっと条件から外れるが選出。こう考えるとオールタイムベストの2本が劇場公開される奇跡の年だった。他は、極力初見の作品から選んだが「新発売の旧作」ばかりで、映画に対する現在のスタンスが反映された結果に。カンヌを騒がせた『カリギュラ アルティメットカット』を何としても観たい2024年です。

渡邉大輔

2023 ベスト

1.『きのう生まれたわけじゃない』
福間健二

2.『君たちはどう生きるか』
宮﨑駿

3.『フェイブルマンズ』
スティーブン・スピルバーグ

4.『アステロイド・シティ』
ウェス・アンダーソン

5.『エブリシング・エブリウェア・オール・アット・ワンス』
ダニエル・クワン、ダニエル・シャイナート

6.『ザ・ホエール』
ダーレン・アロノフスキー

7.『福田村事件』
森達也

8.『怪物』
是枝裕和

9.『鯨の骨』
大江崇允

10.『アリスとテレスのまぼろし工場』
岡田麿里

2024 注目作

1.『瞳をとじて』
ビクトル・エリセ

2.『悪は存在しない』
濱口竜介

3.『きみの色』
山田尚子

2023年ベストは、若手や中堅よりも、まずいずれも1940年代生まれの3人の監督の新作が強烈に心に残った。しかも、興味深いのは3本とも、監督自身が投影されている（福間の場合は監督自ら出演している）ことや、広い意味での「世代の継承」が主題になっていることなど、いくつかの要素で共通している点であった。しかし、2020年代に宮﨑アニメの新作が見られるとは誰が予想しただろうか……。2024年期待の3作は、まずはやはり同じ40年代生まれ（80代）の巨匠エリセの31年ぶりの新作なのは揺るがない。濱口竜介の新作は、私のいう「ポストシネマ」の現在形を示していそうな期待を持つ。山田尚子は、公開がずれ込んだ次作で、「ポスト新海」の位置を決定づけるか、というところ。

『きのう生まれたわけじゃない』
©2023 tough mama

鼎談

2023年総括＆2024年の展望――

「観たい映画を観るだけだから」

柳下毅一郎・高橋ヨシキ・てらさわホーク

てらさわホーク（以下、ホーク） 今年は何があったんでしょうか。

——映画界的なトピックとかっていうとストがありましたね。

柳下毅一郎（以下、柳下） はい、ハリウッドでね。ただストの影響は来年以降来るんじゃないんですか。今年撮れなかった分が。そういう意味からするとコロナ禍の影響がまだ残ってるのかな。ハリウッド映画に関しては、のびのびになってスケジュールが狂ってた映画がようやく来たっていう感じだからそっちの方が大きかった。ストで伸びた分のしわ寄せは来年以降の作品の遅れに関係してくるんじゃないですか。

高橋ヨシキ（以下、ヨシキ） それはそうですよね。アメリカでストの行列も見かけましたが、案外見落とされていることとしては、ユニオンに加盟していない人も結構いるということじゃないかと思います。

柳下 誰でもユニオンに入れるってわけじゃないものね。

ヨシキ そうなんですよ。ぼくの知人にもアメリカで20年以上脚本家として仕事をしてきて、でもユニオンに入っていない人がいます。一方でユニオンには入っているけどたいして仕事をしていない人というのもいて、そういう人たちが今回のストを利用して、法外なギャラを要求しようとしているという話も聞きました。そういうことは報道されませんが、今回のストにしてもいろんな面があるのは当然です。とはいえ業界的には脚本家協会のストの方がクリティカルな気はしますよね。ハリウッド・スターはストとかやらなくてもいいはずなんで。もちろん立場の表明ということはあるんでしょうが。

——収入面ではそうですよね。

柳下 スターよりはもっと下の方の俳優にとってのほうが大きな意味を持ってるんでしょう。

ヨシキ 今年に限った話ではありませんが、日本ではミニシアターがどんどん潰れていっていて、とても危機的な状況です。各地で老舗のミニシアターが次から次へと閉館していて、それは現在も進行中です。コロナ禍以前に比べて7割・6割しか入場者数がないという状況が常態化してしまっているといいます。そこにコロナ期間に猶予されていた税金や社会保険料がのしかかり、さらに設備の老朽化などもある。いま横浜のジャック&ベティがクラウドファンディングを始めたばかりですが、3000万円くらい集まらないともうどうしようもないとのことです。シネコンができめたとき、このままだとブロックバスターのフランチャイズしか観られなくなる、ということが言われていて、トロマのロイド・カウフマンがすごく危惧して警鐘を鳴らしたり、またジョン・ウォーターズも『セシル・B・ザ・シネマ・ウォーズ』でそういう状況を戯画化して描いたりもしましたが、ミニシアターがどんどん潰れていくことによって、まさにそれが現実になってきている。首都圏などいろんな映画を観られる場所とそうでない地方との格差もどんどん広がっていく。

柳下　それに関して言うと、あちこちで言ってることですけど、地方の映画館にとっては、幸福の科学映画の収入ってのが実は結構大きかったんですよね。あれが今後どうなるかわからない――というか多分先細りになっていく、少なくともこれまでのような感じでは作られなくなるんじゃないか、ということがあります。大川隆法先生がいなくなったことでね。それも今年、あまり映画文化との関係は考えてない人が多いでしょうけど、ある意味映画界的には大きなトピックなんじゃないかという気がしましたね。

ヨシキ　健全な収益体制でないことは重々承知していても、それがないと立ち行かないというのが現実だったわけですよね。

柳下　地方都市のミニシアターでは1日やって客が1人とか2人とかみたいなところがいっぱいあるわけで。そういうところで現実問題として年に2週間、2本あれば4週間ですけど、丸々借り上げてくれるっていうのは大きかったという話は聞きますからね。東京にいるとわからないですけど。

ホーク　確かに近所の商店街にいつも新作映画のポスターが貼ってあったのに、最近はあまり見なくなりましたね。もう作られていないんだなと、そういうところでひしひしと感じますよ。

ヨシキ　毎回満席なわけでしょう。前に柳下さんがおっしゃっていましたが、以前は上映を観に来たお客さんが連絡先を聞かれることもあったとか。

柳下　恐ろしいよね。知らない人が来ると「あなたどなた?」って聞いてくるという。

ヨシキ　なんでだよ!（笑）

柳下　映画を見に来たとかでは許してもらえない恐ろしい世界。

ヨシキ　世界的な傾向としては、マーベルだとか『スター・ウォーズ』のような巨大なフランチャイズがことごとく失速中である、ということがあります。

柳下　ちょっと先が見えない感じになってますよね

ホーク　マーベルはここ一、二年でここまで失速するとは思ってなかったですけどね。しかもさしたる理由もなく――あるんでしょうけど、ビッグバン的に何かでつまずいてというんじゃなく、何となくしょぼしょぼと勢いを落としている。なかなか困ったもんですよね。

ヨシキ　マーベルだったら『ロキ』だとか、『スター・ウォーズ』だったら『マンダロリアン』だとか、配信の方にまだ光明がある気もしますが、でも配信にはダメなシリーズも沢山あるわけで。

ホーク　そうやって一部に捨てたもんじゃないものがある分だけ、こちらも完全に希望を捨てきれずにダラダラと付き合わざるをえない。

ヨシキ　あとニュースといえば、新宿にすごい高価い映画館ができました。

柳下　誰も行ってないんだよね。

ヨシキ　このメンバーは誰も行ってないですね。

ホーク　成り立ってるのかなと不思議になりますよね。4500円。

ヨシキ　4500円か～……ブルーレイが買えますね。

ホーク　中身は一緒ですからね。目と鼻の先の他劇場と同じ映画がかかっている。

ヨシキ　ドルビーアトモスを超えるすさまじい音響設備があるとか、そういうことでもないわけでしょ。

ホーク　とはいえ、こないだそこから歩いて10分の新宿バルト9で、ドルビーアトモス3Dというのを見たら3000円取られましたけどね。なんで俺『マーベルズ』に3000円払ってんだろうと思いながら。ドルビーアトモスと3D料金で上乗せになって、ここまで来たら4500円払ってもいいかなと思いますけど。

ヨシキ　あんまり変わらなくなっちゃってるね。

柳下　でも馬鹿馬鹿しくてねえ……どうせだったら本当にくだらない映画を観たいよね。坂本龍一のライヴとか、そういう高尚なもんじゃなくて。

ホーク　いっそ『聖闘士星矢』とかが良かったですね。

2023年のランキングを見ながら

――目立ったヒット作というと今年は何だったんですかね。

ホーク　『スーパーマリオ』が今年ですか。

柳下　『バービー』は日本では当たらなかったんでしょ?

ヨシキ　『ワンピース』と『スーパーマリオ』がすごい当たって、あとは宮崎駿か。『ミッション・インポッシブル』は5位だからそれなりにヒットしている。あとは『ワイルド・スピード』と……『リトルマーメイド』もわりと入ってる。『インディ・ジョー

2023年映画興行ランキング（2023年11月28時点）

順位	興行収入	映画名	公開日
1	140.0億	ザ・スーパーマリオブラザーズ・ムービー	公開日：4/28
2	138.3億	名探偵コナン 黒鉄の魚影	公開日：4/14 –
3	85.8億	君たちはどう生きるか	公開日：7/14
4	55.4億	キングダム　運命の炎	公開日：7/28
5	53.8億	ミッション：インポッシブル デッドレコニング PART ONE	公開日：7/21
6	46.8億	ミステリと言う勿れ	公開日：9/15
7	45.0億	劇場版TOKYO MER ～走る緊急救命室～	公開日：4/28
8	43.0億	映画ドラえもん のび太と空の理想郷	公開日：3/3
9	40.6億	鬼滅の刃 上弦集結、そして刀鍛冶の里へ	公開日：2/3
10	37.9億	ワイルドスピード/ファイヤーブースト	公開日：5/19
11	34.5億	ゴジラ-1.0	公開日：11/3
12	33.7億	リトル・マーメイド	公開日：6/9
13	28.3億	劇場版アイドリッシュセブン LIVE 4bit BEYOND THE PERiOD	公開日：5/20
14	27.3億	わたしの幸せな結婚	公開日：3/17
15	26.8億	東京リベンジャーズ2 血のハロウィン編　運命	公開日：4/21
16	26.7億	マイ・エレメント	公開日：8/4
17	25.8億	インディー・ジョーンズと運命のダイヤル	公開日：6/30
18	25.3億	BTS: Yet To Come in Cinemas	公開日：2/1
19	24.4億	レジェンド&バタフライ	公開日：1/27
20	24.2億	しん次元！クレヨンしんちゃんTHE MOVIE 超能力大決戦～とべとべ手巻き寿司～	公開日：8/4
21	23.5億	劇場版うたの☆プリンセスさまっ♪ マジLOVEスターリッシュツアーズ	公開日：10/20
22	23.2億	シン・仮面ライダー	公開日：3/18
23	23.0億	東京リベンジャーズ2 血のハロウィン編 決戦	公開日：6/30
24	21.2億	怪物	公開日：6/2
25	21.2億	ホーンテッドマンション	公開日：9/1
26	17.9億	憧れを超えた侍たち 世界一への記録	公開日：1/6
27	14.5億	映画プリキュアオールスターズF	公開日：9/15
28	14.4億	MEG ザ・モンスターズ2	公開日:8/25
29	13.3億	沈黙の艦隊	公開日：9/29
30	13.2億	ガーディアンズ　オブ　ギャラクシー	公開日：5/3
31	12.8億	BLUE GIANT	公開日：2/17
32	12.7億	トランスフォーマー/ビースト覚醒	公開日：8/4
33	12.5億	岸辺露伴 ルーヴルへ行く	公開日：5/26
34	11.6億	アナログ	公開日：10/6
35	11.0億	スパイダーマン アクロス・ザ・スパイダーバース	公開日：6/16
36	10.8億	タイタニック: ジェームズ・キャメロン25周年3Dマスター	公開日：2/10
37	10.5億	イチケイのカラス	公開日：1/13
38	10.3億	こんにちは、母さん	公開日：9/1
39	10.3億	ジョン・ウィック：コンセクエンス	公開日：9/22
40	10.0億～	劇場版シティーハンター天使の涙（エンジェルダスト）	公開日：9/8

ンズ』は……ずいぶん下位ですね。

ホーク　今年の事件はようやく『ワイルド・スピード』を全部観たっていうことですね。

柳下　個人的事件（笑）。

ホーク　いまのところ興収ベスト10に入ってるじゃないですか。僕がようやく重い腰を上げた甲斐がありましたね。

柳下　『ワンピース』『スーパーマリオ』『名探偵コナン』『君たちはどう生きるか』……『キングダム』ってのはトリアージじゃないよね。

ホーク　そんな異常事態は起こりません！

柳下　『劇場版 TOKYO MER』は観ました。これはすごい映画だったな。

ヨシキ　すぐにトリアージを始める人たちのお話でしたっけ。

柳下　そうそう、トリアージ始めるまえにやることあるだろうっていう。トリアージしたいから爆発しそうな飛行機に乗りこんでいく。飛行機とか高層ビルとか爆発しそうなとこに自分たちから飛びこんでいって、それでトリアージを始めるという、そういう迷惑な人たちの話。

それにしても『鬼滅の刃』とかまだずいぶん入ってるんですね。

ストーリー的にはまだだいぶ先があるよね。もう2年ぐらい引きずりそうじゃないすか。これを見るとあんまり普段と変わらないね。あとは『ゴジラ-1.0』がベストテンに入ってくるのかなっていう感じですかね。

ヨシキ　『ゴジラ』はどこまで行くのかなあ、まだ伸びるんですかね。

ホーク　『ワイルド・スピード』が危ない！

柳下　（笑）。あと10億いくかっていうと結構難しいのかな。

ヨシキ　『シン・ゴジラ』はゴジラ映画とは違う観客層も観に来てたわけでしょう。

柳下　エヴァファンがね。こうしてみるとで結構観てるなオレ。『私の幸せな結婚』が27億ってのが一番衝撃だね。

ヨシキ　これは何ですか。

柳下　超能力時代劇。

ヨシキ　超能力時代劇……？

柳下　実際には存在しないエセ明治時代みたいなところが舞台で、何かいじめを受けている超能力を持っていない女の子が、冷血な男と結婚して幸せになるんだよ。

ヨシキ　すみません、全然意味が分からないんですが（笑）、なんで冷血な男と結婚して幸せになれるんですか？

柳下　だから冷血と言われてる男と結婚するんだけど、実はそんなに冷血でもなくて単にぶっきらぼうなだけだったっていう。

ヨシキ　なんと「単にぶっきらぼうなだけだった」とは！

柳下　少女漫画にありがちなやつですね。あれがこんなに当たってるんだ。びっくりですね。

——『シン・仮面ライダー』は結構低いですね。

ホーク　本当だ。インターネットやSNSを見ていると、もうちょっと当たってそうな気もするんですがね。『ホーンテッド・マンション』と同じぐらいと考えると、それほどでもないですね。

ヨシキ　『アクロス・ザ・スパイダーバース』も順位で観るとすごく低いのか～。

ホーク　洋画は本当に当たらないんですねえ。

柳下　『アクロス・ザ・スパイダーバース』と『こんにちは、お母さん』が変わらないと思うとちょっと絶望的な気持ちになるよね。あんなに頑張っても、『こんにちは、お母さん』ぐらいの興収しかあげられないんだと思うと。

——『バービー』とかも入ってないですね。

ヨシキ　うわっ本当だ！

柳下　10億いってないってことね。

ホーク　去年の1位は『ワンピース』。

柳下　やっぱり我々も『ワンピース』を観て語らなきゃいけないんじゃないの。

ホーク　一番売れているものを観ていないというのは、ちょっとね。いかがなものか。

柳下　漫画をくれるからみんな行くんでしょ。『ワンピース』。なんかオリジナルの描き下ろし漫画がついてくるんでしょ。

ヨシキ　ええっ。

柳下　いや今回の映画についてるかどうかは知らないけどね。

ホーク　入場者プレゼント路線というのがありますね。僕らも『シン・仮面ライダー』観に行って、ライダーカードを週替わりでもらったじゃないですか。

ヨシキ　ランキング上位ゾーンが鬼門すぎる（笑）。

ホーク　知られざる世界が広がってますね。

ヨシキ　別にこれも最近の話ではないですが、ドメスティック化の進行が止まらない感じですよね。たとえば個人的にはそこまでエポックメイキングな作品とは思わないけれど、でも『バービー』は世界的には一種の事件だったわけですよね。そういう感覚はまったくといっていいほど共有されていないと。

柳下　ないよね。だってこれを見るともう洋画も邦画もアニメとシリーズものしか興行が成立してない。あとテレビ。テレビからの劇場版っていうのしかないわけで。映画だけで興行が成立してるのは宮﨑駿とゴジラだけじゃないかっていうことになっちゃう。

ヨシキ　それでも空前の本数の映画が日々公開されていて、シネコンがどんどん建っているということは日本全体ではスクリーン数は増えているのかな、そこにテレビドラマの映画版やマンガ原作の映画が怒涛の勢いで供給されていると。

ホーク　そういうことですね。

ヨシキ　なんだか陰々滅々たる感じになっちゃったなあ（笑）。

柳下　全体状況の話をするとそうなっちゃうんだよね。ここ10年ずっとそうなんだから。

事件性のある映画

ホーク　あと最近何となく感じているんですが、複数の配信サービスに入っている、というのはそんなに当たり前のことじゃないんですね。

柳下　普通の人はすごい悩んで、どうするか決めたりしてますからね。場合によっては1ヶ月入ってすぐ辞めるとかね。

ホーク　無料期間を有効活用するとか、そういうライフハックを皆さんしてるわけじゃないですか。そういうことをしていかないとお金が貯まらないいんだなって思いますよね。観もしないHuluとかにずっと入り続けて、無駄なお金がどんどん出ていくから貧乏するんですね。

柳下　オレの人生中で今一番ディズニープラスが無駄な気がして、どうしてくれようかと。

ヨシキ　ディズニープラスといえば、あそこで観られる『ロッキー・ホラー・ショー』はUSバージョンだったので驚きました。

柳下　USバージョンに日本語字幕がついてるってこと？

ヨシキ　字幕も吹替もあります。テレビで大昔にやったときの吹替だと思いますが、まさかそんなものがついてると思わなかったのでびっくりしました。ディズニーは『クローン・ウォーズ』とか『反乱者たち』があるからなかなか抜けられなくて。日本版のソフトは高騰化しちゃってるので。あと今のディズニープラスにある『スター・ウォーズ』の旧作はブルーレイ版より色味がまともになっていたりもするんですが、まあそれはいいとして、映画監督の高齢化が止まりません。スピルバーグ、スコセッシ、リドリー・スコット、イーストウッド……後期高齢者の映画監督がバリバリ働きすぎです。

柳下　ちょっと老人が頑張りすぎ。

ヨシキ　80歳を超えて第一線の映画監督、というのは昔はあまりいなかったんじゃないですか。全体として人類の平均寿命が伸びているということもあるんでしょうが。

柳下　オリベイラとか100歳まで撮ってたわけだけど。イーストウッドはまだまだ2、3本撮れそうな気がする。さすがに痩せてはきたけど、100歳ぐらいまでいけるんじゃないかな。

ヨシキ　行けそうですよね。話を戻すと「映画」を超えて「事件」とか「イベント」にまでなってしまうような作品、というのが今年はあまりなかったような気がします。『エンドゲーム』とか、かつての『スター・ウォーズ』にはそういうイベント性・事件性があったでしょう。今年アメリカでは『バービー』がそういう感じだったんだと思いますが。

柳下　それこそ今年何かあったのかっていうと宮﨑駿ぐらいの感じですよね。

ホーク　でもいつも100億円ぐらい稼いでたんでしょ、宮崎駿監督作品って。

ヨシキ　そうなんだ！　それでも『君たちはどう生きるか』も

85億……強いなあ。

柳下　あの何もわからない状態で、これだけ来るんだからすごい。宣伝費ゼロじゃんこれ。『スーパーマリオ』だって140億稼いでるかもしれないけど、何十億か宣伝費使ってるわけでしょ。それを思えば、効率的には多分一番いい商売をしてるよね。

ヨシキ　ランキングを観ていて思ったのは、普段我々がBLACKHOLEでやっている配信、ちょっとメジャーに偏りすぎなのかなと思っていたんですが、実は全くもってニッチなことをやっていただけ、という事実が明らかになりましたね（笑）。まあ常にそうだったといえばそうなんですが。

柳下　10億入ってない映画ばっかり取り上げてどうするみたいな感じに。

ホーク　十分流行りに乗ってやってるつもりだったんですけどね。しかし日本というマーケットは、もうお前らはいいやって言われてるんじゃないかという気はしますね。本国の会社からは。

2024年の展望

――この辺から、来年の話に持ってこうと思ってるんですけど。

ヨシキ　来年日本で当たりそうなのは多分『ジョーカー2』ですよね。あとは『フュリオサ』が決ます！

柳下　ブラジルで見せたんだよね。ブラジルのコミックコンかなんかで。

ヨシキ　えっ、フッテージが出たんですか？

柳下　出たみたいよ。

ヨシキ　まじですか、うわー後で調べます！　来年はコミック映画ではまさかの『アーチー』実写版が来ます！

ホーク　『バービー』に続けっていうやつですね。

ヨシキ　続くのかなあ（笑）。

ホーク　来年はマーベルは『デッドプール3』だけ。そこ一点勝負です。DCフィルムはお待ちかねの『アクアマン2』。楽しみですね。

ヨシキ　ジェームズ・ワンも再登板と。

ホーク　すごい消化試合感が漂ってますけどね。

ヨシキ　前の『アクアマン』は本当にジェームズ・ワンカ（りょく）が炸裂していたので、それを超えられるのはやっぱり自分しかいない！　ってことなんですかね。今回もきっと、とんでもないメチャクチャを見せてくれるはずです。

柳下　真面目な話をしとくと、一応来年の一番の目玉としては、ビクトル・エリセの新作がありますからね。大変なことですよ。十年に一本ですから。

ヨシキ まさかといえば『グラディエーター2』も来ます。あと『ビートルジュース2』……はどうなんでしょうね。

柳下 でもジェナ・オルテガを見いだしてからは結構調子よさそうな感じだよね、バートンくん。

ヨシキ なるほど、それは希望が持てるかも？　あとは何ですか、『猿の惑星』『ゴジラ対コング2』、『デューン』の続き、それに……えっ、『ヴェノム3』？　まじで？

ホーク そうですよ。ソニー・スパイダーマン・ユニバース、来年頑張るんですよ。

柳下 スパイダーマン本体は？

ホーク スパイダーマンはちょっと今塩漬けで様子見中。

柳下 『クレイヴン・ザ・ハンター』とかどうするつもりなんだよ（笑）。『ヴェノム』もそうだけど、そっちだけで作ってどうすんのっていう。

ホーク ドーナツ化現象。

ヨシキ さらに『バッドボーイズ4』も来ます！　もう何が何やらです！

ホーク あとね、『ゴーストバスターズ　フローズン・エンパイア』楽しみですね。

ヨシキ 棒読みじゃないか（笑）。

柳下 もう2とか3とか本当やめてほしいよね。いい加減にしてくれっていうと『クレイヴン・ザ・ハンター』になっちゃうのか。それもちょっといい加減にしてほしいよな。

ヨシキ ロバート・エガースの『ノスフェラトゥ』には期待しています。ビル・スカルスガルドがオルロック伯爵でニコラス・ホルトがジョナサン・ハーカーもといトーマス・ハッター。ウィレム・デフォーが、これまた名前は違いますがヴァン・ヘルシング役です。オリジナルもヘルツォーク版も大好きだし、今回はどう料理してくれるのか楽しみです。

柳下 個々の作品はもちろんいろいろあると思うんですけど、フランチャイズとかの話をし始めると、MCUは今休憩中じゃないすか。見えない感じで。

ホーク 会議中ですからね。

柳下 K.E.V.I.N. とファイギが会議してるんでしょ今。DCもガンの本命のスーパーマンが来るまではわからんわっていう感じだから。そっちの方面は来年はお休みっぽいんで、それこそストの影響もあるし、そのストと関係ない小さい映画で面白いのが出て来たらいいな、と思います。

ヨシキ　あっそうか、メル・ギブソンの『パッション』パート2にもその余波があったのかな。

ホーク　ずっとやるやるって言ってたやつ。

ヨシキ　2025年になっちゃいましたね。『パッションオブ・ザ・クライスト：リザレクション Part1』っていうんですよ。

柳下　レザレクション！　ホラー映画じゃないかよ(笑)。そりゃそうだけどさ。

ヨシキ　しかも「パート1」。

柳下　3回ぐらい復活するのかな。

ヨシキ　（笑）。

ホーク　プリクエルってってことでしょ。

ヨシキ　十字架に掛けられて死んでから復活するまでの3日間に、キリストの魂が霊界をさまよって、アブラハムの元に戻ったり、旧約聖書の聖人たちを復活させたりする……って書いてあるんですが（笑）。

柳下　何言ってんだそれ。

ヨシキ　完全にファンフィクションの世界に突入しているなあ。

柳下　本当にできんのそれ。

ホーク　しかもパート1ですからね。『ミッション・インポッシブル　デッドレコニングPart1』と一緒ですね。『ミッション・インポッシブル　デッドレコニング』はPart1ってぶち上げておいて、ちょっと当たらなかったんでタイトル変えるかもわかりませんって言ってましたよ、トム・クルーズが。『デッドレコニングPart2』じゃないかもしれませんって。

ヨシキ　えっ、なんで？

ホーク　巨大フランチャイズはみんな探り探りで青息吐息でやってますね。その中で『パッション　リザレクションPart1』

柳下　これはシリーズにすればいくらでも作れるからね。プリクエルをガンガン作ればいいんだからね。

ホーク　『ワイルド・スピード』みたいにファミリーがだんだん増えていく（笑）。

ヨシキ　『パッション』は撮影自体は何回かに分けて行っているみたいなんで、早く観たいです。どういう残酷で今回は攻めてくるのかなあ。あの『パッション』の続きですからね、期待せざるを得ない。

ホーク　そういう事件性がある映画はね。
　そういえばジェナ・オルテガが『スクリーム』から降りて、あの若い女優さんがもう1人クビになっちゃったって話でしょ。

ヨシキ　そんなことが。

柳下　『スクリーム7』ね。

ホーク　パレスチナ支持を言ったらクビだと。
ヨシキ　スーザン・サランドンもエージェントからクビにされましたね。
ホーク　なりましたね。ストライキの次はそれかっていう、ちょっとこれからモヤっとしそうな気がする。
ヨシキ　といってイスラエルを支持できない人はいくらでもいると思うんだけど。
ホーク　そうなんですよね。何となく見てるこっちお客さんのこっちとしても、出てくる人によっては素直に楽しめなくなりそうな。僕は何かとモヤモヤしがちなんで、だからティモシー・シャラメとか出てきたときにも何か「わー、シャラメだ」ってあんまり喜べなかったりはしますよね。
柳下　『ワンダーウーマン』もね、ガル・ガドットがちょっと。あの人が好戦的なシオニストだっていうのは知ってましたけど、そういう考えたくないことを考えさせられてしまう感じ。
ホーク　そういうことなんですよ。

ドメスティック傾向

ヨシキ　映画業界全体の収益は拡大しているんですかねえ。
柳下　アメリカは物価も上がってるし、インフレだから、上がってはいるだろうとは思いますけどね。日本はどうかな。でも一応そんなに露骨にトップの作品の興収が減ったみたいなことはないと思うんで。
ホーク　ちょっと上向いてるんですよね。米国だけで考えても、2020年は何しろ前年比80％減だったという。
ヨシキ　2021年にそれが一気に戻って、さらにそれが継続中だと。
ホーク　2019年ごろの水準に戻りつつあります。
柳下　日本はあんまりそういう世界のトレンドとは無関係に回ってる感じがします。
ヨシキ　その通りだと思います。ますます鎖国感が高くなってるというか。最近なんて海外のウェブサイトとかサブクスリプションの引き落としがあっただけで「不審な動きがありました！」ってカード止められたりするし。
ホーク　怪しい。何見てるんですか。
ヨシキ　IMDbとかだよ！（笑）IMDbの毎年ある定期引き落としが「不審な動き」だっていってカード止められてしまうわけ。おまけに「IMKP……KBP……？　のようなところでのご使用です」っていうから何かと思ったら「海外の店名などは文字化けすることがありまして」って、カード会社本当に大丈夫か？　と不安になった。

柳下　エアチケットとかで20万ぐらいの引き落としがあると、必ず1回止められる。止めるっていうか、1回ちょっと高すぎるんで駄目ですって言われて、メッセージか何かを送って解除してもらうっていうのをほぼ毎回やってる。

ヨシキ　円安も大変なので、配給会社も大変なんじゃないかと思います。なんとかギリギリ買い付けて公開できた映画が、コスト1・5倍になったら立ち行かないですよね。だから今後は日本で公開されない／できない映画もどんどん増えてくるのかな。すでにもうそうなっている部分もあるんでしょうが。

ホーク　そうですよ。それでしょうがないからAmazonで輸入しようかって言ったって高くて買えないですよ。

ヨシキ　送料も高いしね。

ホーク　Blu-ray 1枚、送料5000円って言われてですよ。

ヨシキ　うわー……。

柳下　昔の、タワレコ以前にさ、輸入盤は倍っていう時代があったじゃないですか。あの頃に戻った感じですよ。送料がほぼ大体同じぐらいの値段がかかるという。

ヨシキ　とほほ。

ホーク　もうおしまいですよ。たまに贅沢して4500円の映画を見るしかないですよ。

ヨシキ　それか！

柳下　いやなんか本当にさあ、4500円をケチりたいわけじゃないんだけど、ラグジュアリー感がゼロじゃん。4500円払って。こっちの好きな映画見せてくれるとかさ、そういうんだったらいいんだけど。こっちは大人なんだから、1万円払えって言われれば払えるんだよ。

ヨシキ　あそこは何ができるんですか？　別にタバコが吸えるんじゃないかとか期待しているわけじゃないですが。

ホーク　タバコは吸えませんけど、携帯は充電できますよ。

柳下　何それ。

ヨシキ　ポップコーン食べ放題・ソフトドリンク飲み放題かあ。お誕生会か！　椅子の横にはテーブルがあるんだね。

ホーク　USBポートが付いてるから、携帯の充電ができるんですよ。すごいでしょう。

柳下　なんで映画見ながら充電しなきゃいけないんだ（笑）。

ヨシキ　充電のできるお誕生会か……。

柳下　東宝にはもうちょっとその貧乏くさいラグジュアリーじゃなくて。ポップコーンにキャビアをのっけるとかやっぱそういうことをしてほしい。

ホーク　ジャグジーとか。

ヨシキ　アラモ・ドラフトハウスみたいに、上映中もちゃんとした食事がとれるサービスとかね。あれは素晴らしいシステムです。映画観ている途中でオーダーもできるし、それが他の観客の妨げにならないようにちゃんとできている。

柳下　ステーキとかカクテルとかね。あれはいいよね。あのくらい日本でもできると思うんだけどな。

ヨシキ　できるはずですよね。AMCのチェーン映画館でも劇場ごとに厨房があってそれぞれ趣向を凝らした料理を提供したりしていますが、そういうのがあればなあ。

柳下　値段が高いわりに貧乏くさいからな。そこら辺を何とかしてほしいんですけどね。提言ですよ提言。

ホーク　工夫がないですからね。

ヨシキ　イベント的に年一回くらいはちょっと贅沢、という気分にさせてもらいたいですよね。

柳下　そうそう誕生日ぐらい、結婚記念日ぐらいとか思うじゃないですか。でも4500円払っても『スーパーマリオ』しかやってないんでしょ。何でだよ。携帯が充電できるだけじゃん。

ヨシキ　4500円払うと映画なのにマリオがプレイできるようになったらいいのにな(笑)。しかし映画をほとんど観ない人だって今はサブスクサービスに入っていたりするわけでしょう。

ホーク　サブスクはどれか入ってたらいいぐらいじゃないんですか、一般的には。

ヨシキ　サブスクの「本日の視聴数ランキング」はだいたいアニメで埋め尽くされてますよね。サブスクに入っていても必ずしも映画を観るわけじゃないってことですよね。

ホーク　あとみんなTVerを見てる。

ヨシキ　それは何?

ホーク　地上波の番組がネットで見られるようです。

柳下　民放の番組を見るんだよね。

リバイバル上映の新しい波

ヨシキ　最近の傾向としては4Kリマスターなどで、旧作のリバイバルが増えてきていますよね。昔の2番館とはちょっと違う感じで。

柳下　映画を見てるメイン層というか、映画館に行く人は、多分もう我々世代かその前後ぐらい。ここらへんがボリュームゾーンだっていうことの結果なんだと思うけどね。それこそ、去年シネマートで『スカイハイ』やったりとか、あるじゃないですか。ああいう手もひとつあるわけでしょう、言ってみれば。キャッキャ言って観に行ってる方が言うのもあれですけど。そこら辺のちょっとマイナーなカルト映画的なものが今もうレンタルもなくなってるしさ。劇場でやってくれたらDVD買うぐらいの感じで行くわけでね。

ヨシキ　なるほど。まあしかし今日の鼎談も、なんだかあまり明るい感じにはどうしてもならないですよね。

柳下　全体像はね。でもその分そういう変な映画を劇場で観たりすることもできるし、全体がどうであろうと、我々が映画を観る分には関係ないっていうこともあるじゃないですか。

ヨシキ　それは確かにその通りです。

柳下　観たい映画を観るだけだからさ、こっちは。

ホーク　自分の相撲を取るだけです、みたいな感じ。

柳下　最近は劇場が頑張っててさ、自主上映的に劇場で洋画を公開したりするのもあるじゃない。菊川の映画館 Stranger とか。あるいはグッチーズ・フリースクールみたいに過去の作品にわざわざ字幕つけて上映するみたいなムーブメントがあったりするわけで。そういうのは細かく見ていくと忙しくなるぐらい、見るものはいろいろあるんだよ実は。

ヨシキ　BLACKHOLE の視聴者の方にもいたし、あとヒロシニコフ君とか、個人で映画を配給する人たちも出てきてるし。

柳下　自分で字幕つけてやってるんだもんね。

ヨシキ　監督本人と交渉して、字幕つけて上映して。そういうのも含め、観るものはまだまだ沢山あると。

柳下　もちろん Stranger 一館でやったところで10億も稼げないからね。でもむしろそっちの方をフォローアップしていかなきゃなってちょっと思うことが多いな。

ホーク　そういう人たちを応援しないとね、円安にも負けず頑張っている人たち。

2024年注目アクション映画

高橋ターヤン

2024年もアクション映画は大豊作。

ハリウッドのストライキの影響で全体的に進捗が遅れているとはいえ、大ヒット作の続編を中心に注目先が多く待機している。

大作を連発したため観客側にMCU疲れが見え始めているマーベルは、劇場公開作については『デッドプール3』、ソニーが展開するスパイダーマンユニバースの『クレイヴン　ザ・ハンター』、そしてアクションではないが『マダム・ウェブ』が待機している。『デッドプール3』はウルヴァリンにエレクトラまで登場する豪華版。『クレイヴン』はスパイダーマンユニバース初のR指定映画ということで、敵を食いちぎる血まみれアクション満載の凄惨なものになりそう。

対するDC側は、快男児アクアマン再登場の『アクアマン／失われた王国』と、非アクションの『ジョーカー』の続編が待機。『アクアマン』ではスーツアクターとしても名高い羽賀亮洋氏がスタントコーディネーターに名を連ねており、どんなアクションが展開されるか楽しみだ。他にもダークホース・コミック社の『ヘルボーイ』の続編も待機中となっている。

MOVIES IN 2024

アメコミ系以外では、『マッドマックス 怒りのデスロード』のスピンオフである『フュリオサ』はすでに撮影完了。こちらは前作を上回るカーチェイスを期待したい。他にも『エクスペンダブルズ ニューブラッド』、『バッドボーイズ4』、『ラッシュアワー4』、『グラディエーター2』といった、00年代の作品が墓場から蘇ったかのような続編が続々登場。ウィル・スミスは『3』でも一人で気を吐いていたが、『バッドボーイズ4』ではアカデミー賞を出入り禁止になった憂さを晴らすため、ヤケクソになって暴れて頂きたい。『ラッシュアワー4』は本稿執筆時点でまだ監督が決まっていないようなので、24年公開は難しいか。他にレジェンダリー・エンターテインメントのモンスターヴァース最新作『ゴジラ x コング：ザ・ニュー・エンパイア』（原題）もスタンバイ状態。前作で香港を壊滅させたゴジラ

ACT

とコングのさらなる大暴れを期待する。さらに公開時期は未定だが前作のスタッフ・キャストが再集結する『モータルコンバット2』も楽しみだ。

続編でない作品だと、『デッドプール2』のデヴィッド・リーチ監督の最新作『ザ・フォール・ガイ』が待機中。80年代にヒットしたリー・メジャース主演のTVドラマ『俺たち勝機稼ぎ!!　フォール・ガイ』のリメイクで、スタントマン（ライアン・ゴズリング）が事件に巻き込まれるアクションコメディ。予告編を観る限り、大量のアクションとスタントがモリモリなので期待大だ。さらに『スーサイド・スクワッド』のデヴィッド・エアー監督の最新作にして我らがジェイソン・ステイサムの最新作『ザ・ビーキーパー』は、友人を殺された養蜂家（ビーキーパー）とあだ名される元特殊部隊工作員が復讐のために戦う物語。どんな作品でもハイレベルなアクションを見せてくれるステイサム印なので、安心して待ちたいと思う。

良質なバイオレンス映画を大量生産する韓国も、2024年は期待作が目白押しだ。失踪した友人を救うためにレバノンに乗り込む外交官と韓国人運転手のバディアクション『非公式作戦』は、ハ・ジョンウとチュ・ジフン共演作。またチョン・ウソンの監督デビュー作『保護者』は、殺人罪の服役を終えた男が暗殺者に襲われる話。ウソン自身が主演も務め、『パイレーツ』のキム・ナムギルが殺し屋を演じている。他にも薬物騒動の中心人物チョ・インソン主演の海女アクション『密輸』や、2023年の韓国のアカデミー賞と呼ばれる大鐘賞で作品賞、主演男優賞などを獲得した、大災害後に1棟だけ残ったマンションで生き残った人々のサバイバルを描く『コンクリート・ユートピア』も必見の作品。しかし何と言っても韓国で観客動員1000万人という記録的なメガヒットとなったマ・ドンソクの『犯罪都市 NO WAY OUT』が真打ち。マブリーが最初から最後まで殴って殴って殴りまくる強烈な作品であり、

MOVIES IN 2024

日本から青木崇高や國村隼も参戦している。マブリーは他にもNetflix映画の『バッドランド・ハンターズ』が24年公開予定。終末世界を舞台にしたマブリー版『マッドマックス』の出来は果たして！？最後に邦画だが、『ベイビーわるきゅーれ3』、『帰ってきた　あぶない刑事』の公開が予定されている他、下村勇二がアクション監督を務める実写版『ゴールデンカムイ』も期待したい。

『犯罪都市 NO WAY OUT』
2月23日（金）より、新宿ピカデリー、グランドシネマサンシャイン 池袋ほか全国公開
配給：ツイン

ACT

2024年の注目ホラー映画

伊東美和

2004年のホラー映画を牽引するのは、やはり〝ホラー映画工場〟ことブラムハウス・プロダクションズの作品群だろう。2月9日より日本公開の『ファイブ・ナイツ・アット・フレディーズ』は、全米オープニング興収7800万ドルを叩き出し、ブラムハウス歴代1位、2023年ホラー映画1位を記録した。エマ・タミ監督が人気ゲームを実写化した同作は、ピザ・レストランの動くマスコット人形に襲われた夜間警備員のサバイバルを描く。

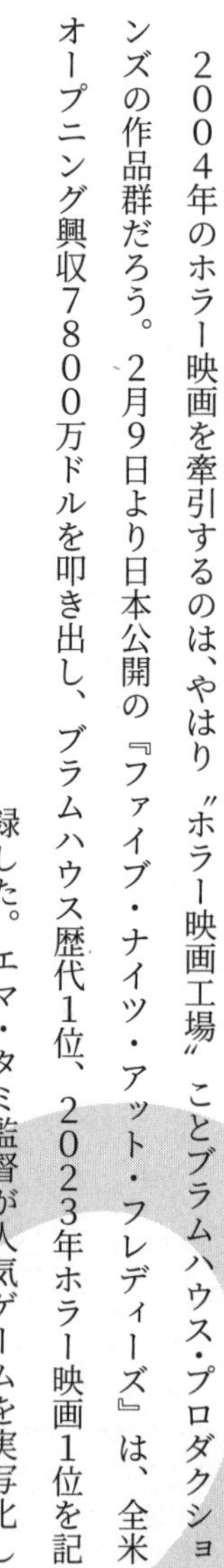

1月5月米公開の『Night Swim』は、ブライス・マクガイア監督による短編映画の長編バージョン。プロ野球選手一家が引っ越し先の自宅プールで怪異に遭遇する。わずか4分程度の短編をどうアレンジするのか気になるところ。

ジェフ・ワドロウ監督の『Imaginary』は、3

月8日米公開。子供を連れて実家に戻った女性が、自分が幼い頃に作ったイマジナリーフレンドに襲われる。『アメリカン・パイ』のクリス・ワイツ監督作『They Listen』は、未だストーリー不明ながら8月30日に米公開が決定している。

8月9日に米公開の『Speak No Evil』は、サンダンスで話題を呼んだクリスチャン・タフドルップ監督作のリメイクだ。新たにジェームズ・ワトキンスが監督に起用され、のどかな田舎で週末を過ごす一家が遭遇する悪夢のような出来事を描く。

〝ホラー映画工場〟ブラムハウスに対し、作家性の強いホラー映画を製作してきたＡ24には、『X エックス』『Pearl パール』に続く3部作完結編『MaXXXine』がある。前2作に続きタイ・ウェストが監督、ミア・ゴスが主演を務める同作は、80年代のロサンゼルスを舞台にしたスラッシャー映画だといわれている。公開日は未定だが、２０２４年中には米公開されるのではないだろうか。

Ａ24は、『13日の金曜日』の前日譚となるＴＶシリーズ『Crystal Lake』も製作する。２０２４年中にPeacockで配信される同作では、お馴染みの殺人鬼ジェイソンが登場し、映画1作目のヒロインを務めたエイドリアン・キングがレギュラー出演するという。

続編&リメイクの量産傾向は、２０２４年も続く。フェデ・アルバレス監督の『エイリアン』シリーズ新作『ALIEN: Romulus』は、8月16日に米公開される。シリーズ1作目と2作目の間に位置するエピソードであり、お馴染みのゼノモーフが登場するといわれる。

『オーメン』の前日譚『The First Omen』は、4月5日に米公開。ローマの教会で奉仕活動を始めた女性が、自身の信仰に疑問を抱かせる闇に直面しつつ、悪魔の化身の誕生させようとする陰謀を暴く。

アカーシャ・スティーブンソン監督。

『ソウ』シリーズ10作目『Saw X』は、昨年の9月に米公開されており、おそらく2024年中に日本公開・配信されるだろう。ケヴィン・グルタート監督の同作では、1作目と2作目の間のエピソードを描き、トビン・ベル演じる殺人鬼ジグソウとショウニー・スミス演じるアマンダが再登場する。

『クワイエット・プレイス』シリーズ3作目『A Quiet Place: Day One』は、6月28日より米公開。マイケル・サルノスキ監督によるシリーズの前日譚となり、製作が予定されている3部作の完結編とは別ものだ。

「全米が吐いた！」でお馴染みの極悪ピエロ・スプラッター第3弾『Terrifier 3』は、ハロウィン時期の10月25日に米公開される。監督は引き続きダミアン・レオーネ。これまではハロウィンが舞台だったが、新作ではクリスマスに惨劇が繰り広げられる。

著作権切れの『クマのプーさん』をスラッシャー映画化して話題を呼んだ『プー あくまのくまさん』の続編『Winnie-the-Pooh: Blood and Honey 2』が、早くも2月頃に米公開される。著作権の問題で1作目にはティガーが出なかったが、今年パブリックドメイン化したため満を持して登場する。

リメイクで気になるのは、メイコン・ブレア監督の『悪魔の毒々モンスター』だろう。毒々モンスター役のピーター・ディンクレイジに加え、共演にイラジャ・ウッド、ケヴィン・ベーコンと個性的なキャストが揃う。

レニー・ハリーン監督のリブート版『ストレンジャーズ』3部作第1弾も、2024年の米公開が予定されている。シリーズ1作目をベースに、謎の3人組に襲われたカップルの生き残りをかけた戦いを描いているという。
アレクサンドル・アジャ製作、フランク・カルフン脚本・監督の『ハンテッド 狩られる夜』は、スペイン映画『シャドウ・スナイパー』のリメイクだが、主人公がガソリンスタンドで正体不明の狙撃者に狙われるという設定だけを借りて大幅アレンジし、サスペンスとバイオレンスを大増量している。日本では2月23日より公開される。

大御所の新作も控えている。デヴィッド・クローネンバーグ監督は、昨年『クライムズ・オブ・ザ・フューチャー』が日本公開されたばかりだが、すでに新作『The Shrouds』を撮影済み。ヴァンサン・カッセル主演の同作では、妻に先立たれた実業家が、親族の遺体が腐敗する様子を見学できる墓地を建設する。

また、息子ブランドン・クローネンバーグ監督の『Infinity Pool』は、2024年中に日本公開予定。アレクサンダー・スカルスガルド、ミア・ゴスが出演している。

M・ナイト・シャマラン監督『Trap』は、6月7日より米公開される。コンサートを舞台にしたサイコロジカル・ホラーと言われており、シャマランの娘サレカがポップスター役、ジョシュ・ハートネットがコンサートに子供を連れて行った父親役を演じる。

まだまだ新作の予定はあるが、誌面の都合からあと2本だけ。『死霊のしたたり』『フロム・ビヨンド』のスタッフがラブクラフトの短編を映画化した『Suitable Flesh』、シッチェス映画祭で最優秀長編賞を受賞したデミアン・ラグナ監督の『When Evil Lurks』が、すでに米配信されている。できれば日本で劇場公開してほしいところだ。

2024年注目のSF映画

堺三保

さて、来年公開予定のSF映画といえば、まずは何と言っても『デューン　砂の惑星　PART2』と『スパイダーマン　ビヨンド・ザ・スパイダーバース』が大注目でしょう。いずれも前作が一番良いところで「後編に続く」となっていた作品の完結編で、大きく広げた風呂敷をいかにたたんでみせてくれるかに期待がかかります。特に『デューン』は、かつてデヴィッド・リンチ監督版が大きく原作を変更したエンディングを撮っていましたが、今回、ドゥニ・ヴィルヌーヴ監督はどのようなアプローチで演出するのか、原作ファンとしては大いに興味があるところです。また、この作品の成否如何によっては、さらにパート3として原作の第二部『デューン　砂漠の救世主』の映画化という話も出ていますので、その実現に向けての興収の行方も気になります。

そして、あいかわらずSF／ファンタジー系の超大作といえば、フランチャイズというかシリーズものの新作が多く予定されています。ワーナーの〈マッド・マックス〉シリーズの『フュリオサ』と〈モンスター・ヴァース〉の『ゴジラxコング：ザ・ニュー・エンパイア』、20世紀スタジオの『猿の惑星／キングダム』、ソニーの『ゴーストバスターズ　フローズン・サマー』など、各社強力な新作を揃えてきているのです。

日本の特撮ファンとしては〈モンスター・ヴァース〉がこのまま続くのか、それとも東宝の日本版『ゴジラ』シリーズに道を譲るのか、その行く末が気になるところ。個人的にはどちらもこのままそれぞれ独自路線で続けていってもらいたいのですが。

フランチャイズ大作と言えば、ワーナーの作品をもう一つ紹介しておきましょう。『ロード・オブ・ザ・リング』の前日譚を描いたアニメ映画『ロード・オブ・ザ・リング　ロヒアリムの戦い』です。なんとこの作品、脚本陣はアメリカ側ながら、制作を日本のSola Entertainmentが、監督を『攻殻機動隊Stand Alone Complex』の神山健治氏が務めているのです。アメリカの人気大作映画のアニメ版を日本で制作、全世界に配給するという初の試み、どういう作品が生まれるのか、楽しみに待ちたいものです。

また、今や大作映画の代名詞となっているアメコミ原作のスーパーヒーロー映画も、ワーナーの〈ＤＣユニバース〉は『アクアマン／失われた王国』が、ディズニーの〈マーベル・シネマティック・ユニバース〉は、『デッドプール3』、『キャプテン・アメリカ：ブレイブ・ニュー・ワールド』、『サンダーボルツ』と、新作が数多く待機しています。

ただし、ここ最近、ＤＣもマーベルも新作映画の興収や評判に陰りが見えており、来年以降、巻き返すことができるのか、それともついにこのままブームが去ってしまうのか、その行方が気になるところ。

しかも、ＤＣのほうは、今まで10年続いたシリーズに『アクアマン／失われた王国』でいったん終止符を打ち、『ザ・スーサイド・スクワッド』や『ガーディアンズ・オブ・ギャラクシー』のジェームズ・ガンをスタジオのトップに迎えてリブートするということで、来年は実のところ雌伏の年となりそう。

一方のマーベルは、現在のシリーズ最大の敵、カーン役に迎えた俳優が事件を起こして降板、今後の展開を再考中と、双方ともに先行きが不透明になってしまっているのです。どんなブームにも終わりの時は来るものですが、そこは個々の作品の力で踏ん張ってほしいものです。

さて、シリーズもの以外でもっとも注目なのが、『聖なる鹿殺し』や『女王陛下のお気に入り』などの鬼才、ヨルゴス・ランティモス監督の新作『哀れなるものたち』でしょう。アラスター・グレイによる原作小説は、あまりにも有名な『フランケンシュタイン』の物語を換骨奪胎、19世紀末のヨーロッパを舞台に、無垢な精神と成熟した肉体を持つ人造人間の遍歴を描いた歴史ファンタジーなのですが、予告編を見る限りランティモスはこれを鮮やかな色彩設計とスチームパンク調の美術で視覚化していて、今からその全体像を目にするのが楽しみでなりません。

以上、２０２４年もＳＦ映画はなかなか賑やかなラインナップが揃っていて、ファンは一年間楽しく過ごせそうな気がしているのですが、いかがでしょうか？

MOVIES IN 2024

2024年注目のアメコミ映画

てらさわホーク

ほんの数年前の狂い咲き状態から一転、何だかちょっと寂しいことになりそうな2024年のコミック・ヒーロー映画界隈。マーベル・スタジオズは作品の劇場公開ペースをグッと落として体制の立て直しを図り、対抗するDCスタジオズ（旧DCフィルムズ）もジェームズ・ガン主導の新フランチャイズ始動にむけた準備期間となる、そんな年である。

という状況でドバーンとやって来るのが『アクアマン／失われた王国』（24年1月日本公開）。『マン・オブ・スティール』（13年）から続いた通称DCエクステンデッド・ユニバースの掉尾を飾る作品だ。一度は22年12月公開予定と発表されていた本作、しかしその後いろいろあって（ありすぎて）ようやく完成に漕ぎつけた。ガン（DCフィルムズ社長）は昨年の『ザ・フラッシュ』公開に際して「ここからDC映画世界のリブートが始まる！」と豪語、蓋を開けたらそんなこともなかった。新しい『アクアマン』がこれから生まれ変わるDCフランチャイズに何らかの影響を与えるのか、あるいは10年続いた一大フランチャイズを後腐れなく完結させるのか。今度もモモアマンの「1、2、3、ダー！」で気持ちよく締めるのか。今後との関わりの有無も含め、とにかくその行く末を見届けたい。しかし全世界で10億ドル以上を稼ぎ出した前作から5年、信頼できる監督ジェームズ・ワンによる痛快まるかじり巨篇の行く末がこんなに心配になるとは、世の中はわからないものだ。

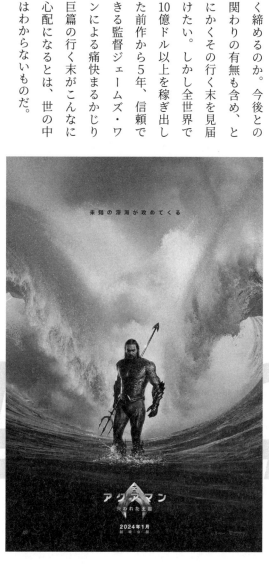

DCフランチャイズ外の作品として、同社からはまさかの『ジョーカー』続篇こと『ジョーカー：フォリ・ア・ドゥ』がやってくる（24年10月全米公開予定）。監督トッド・フィリップスにとっては5年ぶりの作品だ。19年の前作は言わずと知れた『バットマン』シリーズのスピンオフという体裁を取りながら、実のところマーティン・スコセッシの『キング・オブ・コメディ』を現代に蘇らせることこそが目的なのではないかと思わざるをえない映画ではあった（もちろんそれだけには終わらず、独自の禍々しい魅力に満ちてもいたが）。フィリップスが当初はスコセッシをプロデューサーに担ごうとしていたこ

とも有名な話だ。主人公アーサー・フレック（ホアキン・フェニックス）なる人物が稀代の悪役ジョーカーとして覚醒していく物語と見せておいて、あるいはただの狂人の妄想だったという解釈も成り立つといえば成り立つ映画だった。ひとりの恵まれない男が、もしかすると社会に大いなる混沌をもたらした（かもしれない）……。そんな虚実の曖昧さが『ジョーカー』の魅力のひとつであったことは間違いないが、そこから続くストーリーを語るとなればそろそろ物事をボンヤリさせたままでは済むまい。アーサー・フレックがジョーカーとしての実体をいよいよ獲得し、渡る世間をさらに無茶苦茶にしていくのか否か。そこに注目が集まる。共演はレディ・ガガ。これまでマーゴット・ロビーの当たり役として知られたハーレイ・クインに扮する。言い忘れたが『フォリ・ア・ドゥ』（ふたり狂い、ないし感応精神病の意）はミュージカルとのこと。いったい何がどうなるのか見当もつかないが、どうせなら思い切り狂った作品を期待したいところだ。

24年、マーベル・スタジオズからやってくる映画はいまのところ『デッドプール3』のみ。同社が年に3本のペースで劇場作品を量産していた頃を思えばずいぶんなペースダウンだが、ここは量より質ということで、観客たるこちらも丁寧に観ていきたい。18年公開の前作から今日までさまざまな事件があった。ディズニーによる20世紀FOX買収もそのひとつだった。FOX版『X-MEN』映画シリーズは約20年続いてとうとう潰えたが、その遺産はすでにマーベル・シネマティック・ユニバースに受け継がれつつある。パトリック・スチュアート扮するプロフェッサーXが『ドクター・ストレンジ』続篇に顔を出したことはその一例だし、今回の新作でどうやらデッドプールもMCU本線に合流するのではない

MOVIES IN 2024

かと推測されている（しかも死んだはずのウルヴァリン＝ヒュー・ジャックマンを連れて）。第4の壁を破って好き放題やるデッドプールの自由さでもって、フランチャイズに風穴を開けてほしい。なお本作はMCU初のR指定となる模様で、そのあたりにも期待が持てる。

そういえばソニー・ピクチャーズはスパイダーマン抜きのスパイダーマン・ユニバース作品2本、『マダム・ウェブ』と『クレイヴン・ザ・ハンター』を投入。話だけ聞いた限りでは「えっ?」と言わざるをえないこれら作品群に大当たりが潜んでいることもある。油断は禁物だ。

AMERICA

2024年公開予定ヨーロッパ映画注目作

渡邉大輔

まだ公開時期が定かでないもの、下半期公開作品は情報が出ていないものも多いが、2024年の注目作を列挙してみたい。

1月には、スペインから『ミツバチと私』(2023)、アイルランドから『コット、はじまりの夏』(2022)という、どちらも夏休みの子どもの成長を描いた2本のヒューマンドラマが公開される。エスティバリス・ウレソラ・ソラグレン監督の前者は、第73回ベルリン国際映画祭で銀熊賞と併せ、主演のソフィア・オテロが史上最年少の8歳で最優秀主演俳優賞を受賞した。夏のバカンスで家族とフランスからスペインを訪れた少年アイトールが、自らの性自認に悩みながら、ミツバチの生態を知ることで世界の多様性に目覚める姿と、傍で彼に寄り添う家族を描く。第95回アカデミー賞で国際長編映画賞にノミネートされた後者は、1980年代初頭のアイルランドの田舎町が舞台。大家族で暮らす9歳の少女が夏休みを親戚夫婦の家で過ごすうちに、自分の居場所を見つけていく。監督はドキュメンタリー

MOVIES IN 2024

畑出身で、本作が劇場長編映画監督デビューとなるコルム・バレード。

トルコからは、『葬送のカーネーション』（2022）が届けられる。小津安二郎を敬愛するという現代トルコ映画の旗手ベキル・ビュルビュルの長編第2作は、妻の棺を紛争の続く故郷の地まで運ぶ男と孫娘の姿を描くロードムービー。また、同月には、『クワイエット・プレイス』のイタリア版とも言えるシチュエーションのホラー『サウンド・オブ・サイレンス』（2023）も公開。「聴覚」（音）に焦点化した現代映画のトレンドは昨今のヨーロッパ映画でも共通している。

2月には、今や現代ヨーロッパで最も重要な映画作家の一人とも呼ばれるベルギーの新鋭バス・ドゥヴォス監督作品が日本初、しかも長編2作が同時公開される。長編第3作の『ゴースト・トロピック』（2019）は、ブリュッセルを舞台に、終電車を逃した掃除婦が帰宅するまでを描く。続く最新作の『Here』（2023）は植物学者と移民労働者が織りなす物語。現代人の瑣

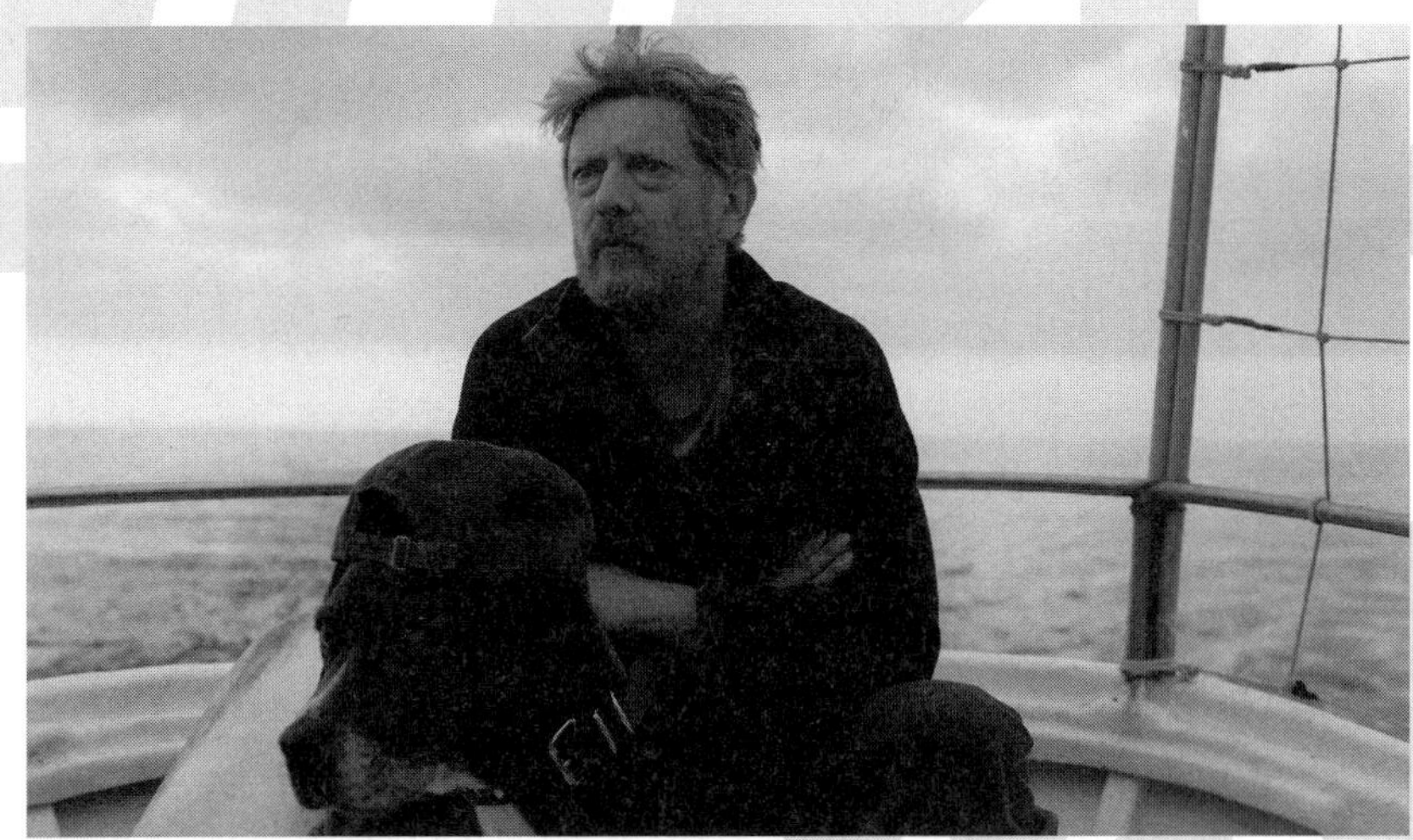

『瞳をとじて』
2月9日（金）TOHOシネマズ シャンテ 他全国順次ロードショー　配給：ギャガ
© 2023 La Mirada del Adiós A.I.E, Tandem Films S.L., Nautilus Films S.L., Pecado Films S.L., Pampa Films S.A.

末な生をフィルムの肌理のある端正な映像が切り取っていく。そして、なんといっても同月は、スペインの巨匠ヴィクトル・エリセの『瞳をとじて』（２０２３）が公開される。第76回カンヌ国際映画祭で上映され早くも熱狂をもって迎えられた本作は、１９６９年の監督デビュー以来、発表する作品どれもが傑作と評されながら長編3作という超寡作なこの83歳の監督の、実に31年ぶりの新作となる。元・映画監督と謎の失踪を遂げた元・人気俳優の物語であり、長編デビュー作『ミツバチのささやき』（１９７３）で主人公の少女アナを演じたアナ・トレントが半世紀ぶりに出演しているとあって、往年のファンには堪らない。

その『瞳をとじて』と同じく、第76回カンヌのコンペティション部門に出品されたのが、こちらもイタリアの巨匠マルコ・ベロッキオ監督の新作で4月に公開予定の『キッドナップド』（２０２３）だ。こちらは19世紀半ばに起きた「エドガルド・モルターラ誘拐事件」を描いた重厚な政治劇である。

アニメーション映画はどうだろうか。ここでは、初夏公開予定の『めくらやなぎと眠る女』（２０２２）、秋公開予定の『ロボット・ドリームズ』（２０２３）、そして公開時期未定の『リンダはチキンが食べたい』（２０２３）の3本を挙げておきたい。２０２３年に発足した新潟国際アニメーション映画祭の第1回グランプリに輝いた『めくらやなぎと眠る女』は、同題の作品を含む村上春樹の6つの短編小説を原作としており、村上作品では初のアニメーション化となる。監督はこれが初長編となるフランスのピエール・フォルデス。『ロボット・ドリームズ』は、スペインのパブロ・ベルヘル監督による80年代テイスト溢れる、犬とロボットの友情物語。そして、『リンダとチキンが食べたい』は、国内では『大人のためのグリム童

MOVIES IN 2024

話 手をなくした少女』（2016）が公開されたセバスチャン・ローデンバックと、キアラ・マルタの共同監督で、2023年のアヌシー国際アニメーション映画祭でクリスタル賞（グランプリ）を受賞した作品だ。チキンを求めて街を駆け回る母娘の姿を、絵筆を使って描かれたようなタッチと鮮やかな原色が織りなす独特の絵柄が特徴の注目作である。

最後に、通常の意味で「ヨーロッパ映画」とは言い難いが、関連する作品もいくつか紹介しておこう。1月公開の第80回ヴェネチア国際映画祭金獅子賞受賞作品『哀れなるものたち』（2023）は、スイス出身のヨルゴス・ランティモス監督が『女王陛下のお気に入り』（2018）以来、エマ・ストーンと再びタッグを組んだシュールな異色作で、彼女が胎児の脳を移植されたヒロインを演じる。同じくスイス出身でありながら、アメリカに拠点を移し、現在はウクライナに居住するマーク・ウィルキンス監督の初長編『ニューヨーク・オールド・アパートメント』（2020）も1月公開だ。本作は、ニューヨークに不法滞在するペルー人一家を描く。イギリスのガイ・リッチー監督の公開日未定の新作『ザ・コベナント』（2023）はジェイク・ギレンホール主演の戦争アクション。巨匠から新鋭、アートシネマから娯楽作まで、2024年も幅広い注目作が公開される。

EURO MO

アジア映画2024年注目作

夏目深雪

2024年も注目作が盛りだくさんのアジア映画。東から順に見ていこう。

韓国はエンタメ大作とアート系作品が両輪あるのが強みだが、エンタメ系の情報が入ってきた。『イカゲーム』のイ・ジョンジェの初監督作品であり、壮絶な諜報戦を複雑なストーリー展開と超絶アクションで描き切った傑作『ハント』を届けてくれたクロックワークスから、イ・ジョンジェと共演したチョン・ウソンの初監督作『ザ・ガーディアン／守護者』（1／26〜）。チョン・ウソン自身がターミネーターのような「殺しても死なない」男を演じ、純粋なアクション映画として楽しめる。デレク・ツァンの『ソウルメイト／七月と安生』の韓国リメイクである『ソウルメイト』も2／23から公開。

『ザ・ガーディアン／守護者』
© 2022 ACEMAKER MOVIEWORKS & STUDIO TAKE CO., LTD. All Rights Reserved.

中国はコロナ禍と検閲の関係で止まっていたが、ここに来て良作が表に出始めた。新進女性監督ハン・シュアイの作品を2本紹介しよう。1／19に彼女の新作『緑の夜』が公開される（製作国は香港）。脱税で表舞台から遠ざかっていたファン・ビンビンの本格的な主演復帰作。イ・ジュヨン演じる麻薬の運び屋に誘われ、暴力的な夫の元から2人で逃避行に出るが……。せっかくの旬の女優2人なのに、ストーリー、キャラクターともに類型的なのが惜しまれる。彼女の初監督作品『阪南の夏』（2024年公開予定）は、少女が死や性、家庭のいざこざを体験するひと夏を描いた作品。従来の青春もののようにあからさまに瑞々しいわけではなく、世界を複雑なまま捉えた複層的な視点が素晴らしい。世界中で高い評価を得た作品である。

香港は民主化デモに関する映画が落ち着き、しっとりした社会派の良作が目立つようになってきた。『燈火（ネオン）は消えず』（1／12〜）は、香港の顔であった

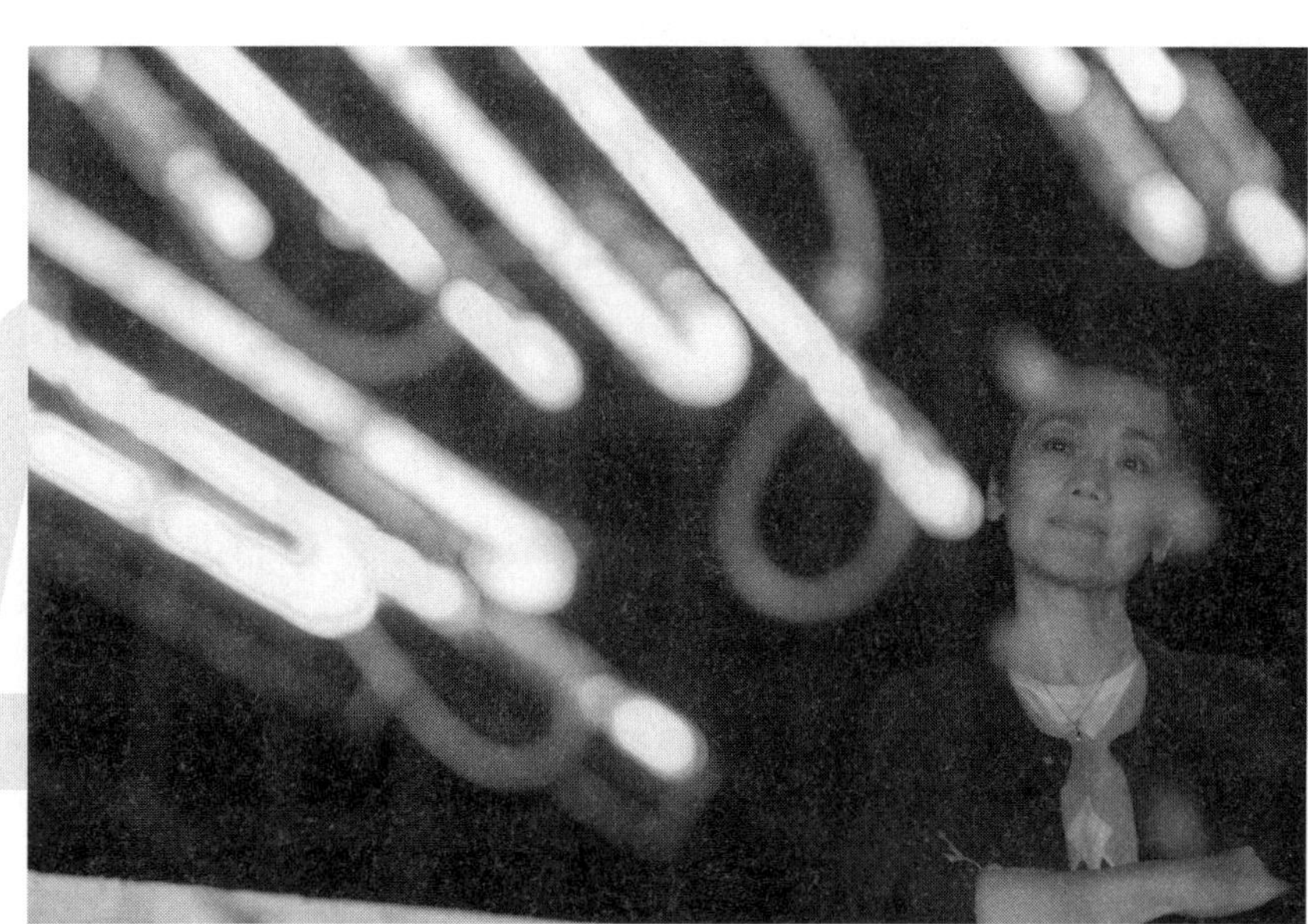

『燈火（ネオン）は消えず』 ©A Light Never Goes Out Limited.AllRightsReserved.

色とりどりのネオンを題材にした感動作。なんと、建築法等の改正により、2020年までに9割のネオンサインが姿を消したという。ネオン職人だった夫（サイモン・ヤム）亡きあと、工房を守ろうとする弟子と妻（シルヴィア・チャン）の奮闘を描く。『白日青春　生きてこそ』（1／26〜）は、タクシー運転手（アンソニー・ウォン）がパキスタン移民のハッサンと事故を起こしてしまい、その息子との関わり合いを通して他者への思いやりを取り戻していく、という話。監督自身がマレーシア華人の移民で、移民で成立している香港のリアルが伝わってくる。

台湾は『愛は銃』の公開が2024年に決まっている（製作国は香港／台湾）。チャン・ツォーチ監督の『酔生夢死』などに出演してきた俳優のリー・ホンチーの初監督作品で、刑務所から出てきたばかりの男をリー・ホンチー自身が演じる。美しい台湾の風景も堪能でき、音楽の使い方もセンスがよく、黒社会、美女、海辺、銃などのモチーフは北野武監督作品からの影響を感じさせる。特にラストがカッコよくて痺れた。

コロナ禍で打撃を受けたもう一つの地域が東南アジアで、作品数が減少したうえ、良作であっても集客のせいか劇場公開される確率が低いのが残念である。だが1／13からおばあさんの映画監督が半覚醒状態で自らのシナリオの中を生きるという奇想天外な『レオノールの脳内ヒプナゴジア（半覚醒）』（フィリピン）が公開される。同じくフィリピンの鬼才ブリランテ・メンドーサの新作『FEAST - 狂宴 -』、双子の姉妹の恋物語『ユー&ミー&ミー』（タイ）も2024年公開予定。だが、注目はなんといってもベトナムの問題作、レ・ビ・ザン監督『Ｋｆｃ』（2024年公開予定）だろう。意味もなく人が刺され切り刻まれるといえば、スプラッターホラーを想起するだろうが、ホラーに落とし込んでないとこ

MOVIES IN 2024

『ただ空高く舞え』©2D Entertainment

ろがまた怖いのだ。拷問、屍姦、食人などあらゆる目の毒のオンパレードが矢継ぎ早に繰り出される世界は、それらが一転して快楽に変わる危うさを孕む。

インドは『バーフバリ』、『RRR』など南インド映画が人気で、ボリウッドは『ブラフマーストラ』『パターン』くらいで精彩を欠いていたが、ついにリティク・ローシャンとサイフ・アリー・カーン主演の犯罪ドラマ『ヴィクラムとヴェーダ』が公開される（1／6〜）。掘り出し物は同じ1／6公開のタミル語映画の『ただ空高く舞え』。インド初のLCC航空会社の創業者の実話を映画化し、ナショナルフィルムアワード5部門を受賞した作品。格安航空会社の創業を描くというのが珍しくて面白いうえに、インド映画らしくカースト制や因習、既得権益と闘う男たちの熱いドラマが繰り広げられる。主演はタミル語映画のスター、スーリヤ。男たちのドラマと思いきや、女性監督らしく妻の存在もきちんと描いているのがgood。まだまだアジア映画から目が離せない。

ASIAN

反＝恋愛映画の2023年

佐々木敦・児玉美月

2022年刊行の『反＝恋愛映画論』（Pヴァイン）にて古今東西の映画に見られる恋愛像を様々な視点で読み解いた二人が、2023年の「反＝恋愛映画」を語り合う。

2023年を代表する「反＝恋愛映画」

佐々木　今年は僕は映画は観れるタイミングでしか観てなくて、ろくに観れてない。だから今日は、美月さんが僕に今年見た方が良かった映画を教えてくれる会ということで。

児玉　『バービー』はご覧になってますよね。

佐々木　観た。あとスピルバーグの『フェイブルマンズ』って今年だよね。『フェイブルマンズ』も恋愛的な要素が強く入ってる映画。すごくいい映画だと思うんで、それも少し触れられたらなと思ってました。『バービー』のことは忘れてたけど、あれもこの対談で言及しないのがおかしいぐらいの感じですよね。

児玉　完全に反＝恋愛映画でしたよね、『バービー』は。

佐々木　僕は結構観るのが遅かったんですよ、映画館で観たので。事前に世評というか、アメリカでの反応も含めて、目にしたり耳にしたりしてたし、グレタ・ガーウィグについての印象もあったから、観る前に自分の中でこういう映画かなというイメージとか、こういう感じの評価をされてるのかなというのがあったんですけど、実際に観たら思ってたのと違う部分もあり、日本での反応も賛否両論的な雰囲気があった。むしろそのこと自体が面白かった。

児玉　『フェイブルマンズ』も『バービー』も一見単純なハリウッド映画みたいに見えがちだけれども、同じように複雑さを抱え込んでるというか、実際に観るとちょっと良い意味で引っかかるようなところがありますよね。『バービー』は10年前に撮られてたら普通にバービーとケンが結ばれて終わるんじゃないかなと思って。それがバービーが最後に婦人科に行くじゃないですか。恋愛じゃなくって自分のケアで終わるのもまた、時代を象徴する作品だなと思いました。

佐々木　『バービー』がどういう映画か、浅いレベルで説明すると「男女の立場が逆転してる世界の話です」で終わっちゃうじゃないですか。設定としてはそうなんだけど、本当に主張したいことがそこにないというか、その奥に実際にはあって、それもそこまではっきり主張してる感じでもない。何重にもなっていて、物語の面白さや設定だけでいろいろ思うこともできるし、そこから考えさせる力がある。いわゆるポリコレ的風潮も時間が経ってきて、ポスト・ポリコレというかもうポリコレ的なメッセージはもう大前提で、そこからどうするのみたいな。一番ポリコレ的なものを内面化したのが、２０１０年代後半以降のハリウッド映画だったんじゃないか。そういうのを感じて、すごく考えられた映画だなと思いました。面白かったというより感心したみたいな感じでしたね。

児玉　苦手なところがあったとしたら、かなりバイナリーの世界じゃないですか。そこを揺るがすキャラクターもいるにはいるけれど、基本的に男性はこうだ、女性はこうだっていうのが序盤ずっと続くので、そこが自分の感覚でいうと苦手だったんですけど、最後の方に向けてたしかに感心していくみたいな感覚があって。

ライアン・ゴズリングとマーゴット・ロビー

佐々木　予告編を見たときは、グレタ・ガーウィグもついにセルアウトして馬鹿映画を撮ったかみたいなイメージがあった（笑）。観始めたらそういう感じの設定で進んでいくので、大丈夫なのこれ?と思ったけど、後半の何十分かがすごい。ライアン・ゴズリングがめちゃくちゃ馬鹿じゃない。基本的に最後まで馬鹿で、最後の最後でもしかすると目覚めがあるのかなみたいな雰囲気があるだけで、一貫して馬鹿で無意識の男性性中心主義者。そこが図式的に見えたというのはありますよね。

児玉　『ポッド・ジェネレーション』という映画が来月あって、そのソフィー・バーセス監督にインタビューしたばっかりなんですけど、男性性とか男らしさの規範みたいなところから外れた役柄はハリウッドの男優は今も忌避感があるみたいで、なかなか受けてもらうのが難しいと言ってたんです。あれはライアン・ゴズリングだから成り立ってるキャラクターだなとも思いましたね。

佐々木　ライアン・ゴズリング自身が馬鹿っぽい役を上手く演じる方だからキャスティングの勝利みたいなところはあると思う。それで言うと製作もやってるマーゴット・ロビー。最初のうちは完全にリアル・バービーで馬鹿っぽさ爆発なんだけど、途中から目覚めていく演技が本当に上手なので。元々マーゴット・ロビーは好きなんです。どの映画でも必ず何か出してくる人だなと思ってるんですけど、そういう意味では主演2人が他の人だったら、同じことをやらせても成立しない。微妙な部分で成立してる映画ではあると思いますよね。

児玉　今回マーゴット・ロビーが持ち込んだ企画なのでプロデューサーとしての手腕というか、『プロミシング・ヤング・ウーマン』も重要な映画でしたし、今後も彼女の作品が楽しみだな。

佐々木　作品全体で考えると、この映画は露骨に主張がある映画に見えるじゃないですか。それがめっちゃヒットしたわけじゃん。アメリカでもすごくヒットして。でも思ったよりもヒットしない国とか、男尊女卑的が強く残っている国だと上映禁止になったり上映がしにくかったりするみたいな話を日本でやる前に聞いてて、じゃあ日本は?と思ったわけ。そしたら日本は非常に微妙な感じの、大ヒットしたとは言えないけどヒットはしたし話題にもなったし。でも一般的な観客の反応が今ひとつ見えにくい感じもあった。

児玉　私も批評家のレビューはたまに見かけましたけど、ほかの多くの観客がどういうふうに受け止めたのかは気になりましたね。

佐々木　日本は特に洋画は皮相なレベルで宣伝しちゃうから、バービーも「バービーが実写になった、楽しいよ!」みたいな感じでしか宣伝しないじゃない。そういうことが前提になってるので、観客がはっきり分離しちゃう。ただ楽しみたいだけで来るか、知ってる人は問題意識だけで来ちゃう。その間で欠落が生じちゃう気がする。ただ、僕新宿の映画館で観たんですね。平日の夕方だったんだけど、お客さんが僕以外はほぼ全員女性。若い女の子たちもいたし結構年配というか中年女性みたいな人たちのグループも多かったんですよ。で、バービーと絡むお母さんと娘が出てくるじゃん。あのお母さんが後半で結構長いセリフを喋るところがありましたよね。

児玉　バービーランドで集まったときですか。

佐々木　そこで結構長く、女性とはみたいな話をするところがあって。あそこはセリフも長いし、脇役なんだけど見せどころみたいな場面だと思うんだけど、そのシーンで肌で感じるぐらい客席がシーンって静まり返ったんだよ。元々シーンとしてるんだけど、映画見てるから（笑）。聞き入ってる感じがしたんだよね。だから、全く違う動機で見に来てても、いろんなことを考えるきっかけにはなってるんじゃないのかな。終わった後どう思ったのか、その女性たちの話を聞きたかった。かなりクリアに問題を提示してる映画だと思うので、そこは刺さってるんじゃないかな。

児玉　私はそのシーンは教科書的だなと思ってたんですよね。ですけど、佐々木さんのお話を聞いて、そういうところを入れなきゃいけないというか、『バービー』ってフェミニズムの観点からすると初学者向けでガーウィグも、あえてハードルを落としてるような気はするんですが、そのおかげで今までフェミニズムにあんまりコミットしてなかった観客たちが目覚めたり、気づいたりできたのかもしれないと思いました。

佐々木　平日の夕方にグループで映画館に来れるだけでも、たぶん普通に働いてないわけじゃない。だからある意味では旧来の男女関係が前提になってるような人も少なからずいた可能性がある。でもそういう人たちがちょっと意識変革をする効果が『バービー』にはアメリカでもあったのかもしれないし、男尊女卑の未だに強い国では危険視されたのかもしれない。あと男性はどう思ったのかな。

児玉　私も映画館に見に行ったとき、もちろん女性に見える観客が多かったんですけど私の一番近くにいたのがとても高齢の男性だったんですよ。1人で見に来てらっしゃってて。どう思ってるのか気になってたんですけど、何となく感動してるような雰囲気もあって、私も話を聞いてみたいと思いましたね。

佐々木　男性観客とか、男性の映画ライターもそうなんですけど、厄介なのは、教科書通りの答えができちゃう部分があるじゃない。本当はどう思ったのか、1人の人間に立ち返ったときに好きなんですか嫌いなんですかとか、どういうところに心動かされてどういうところに違和感があったんですかとか、そういうのを本当は細かく聞かないと、あの映画はいろんなまだら模様の部分があるので、どこに反応するかは男女でもかなり大きく違ってくると思う。いま我々が喋ってるように「一見単純なようだけども実は複雑さが隠れてる」とか言えば、それは合ってるからそれで済んじゃうけど、本当はどう思ってるのかのを知りたい気持ちになる映画。

日本の反＝恋愛映画

児玉　ハリウッドで今年の反＝恋愛映画といえば『バービー』でいいかと思うんですけど日本の映画では『正欲』になる気はするんですよね。映画を観る前に佐々木さんから朝井リョウの原作の話を聞いていたので、オチまでわかってる前提で見たんですけど……佐々木さんは好きだと思うので、ぜひ語ってほしいと思ってます。

佐々木　『正欲』ってもう公開になったんだっけ。

児玉　今日からですね（11／10収録）。

佐々木　僕は『正欲』は原作も出たときに読んで書評も書いたし、朝井リョウさん本人とも話しました。そのときも既に言ってたんだけど、主人公の二人が高校のときに水飲み場で水がバーンって出るのを見てるという、出会いのシーンがあるじゃないですか。あれは小説にも美しい描写で出てくるんだけど、あのシーンを読んだときに、これ絶対に映画になるなと思ったんですよ。もっと突っ込んだ言い方をすると映画にするつもりがあるんだなと思った。普通に考えたら性欲の対象じゃないものを性欲の対象にしている人の話であれば、ある意味では何でもよかったと思うわけ。何でもよかったというのは極端だけれども、水でなくてもよかった。だけど水だと綺麗だし映像的にシーンが思い浮かぶ。だから水なんじゃないかと思って、これは絶対に映画になると僕は公言してたんです。あの小説を映画化するという意味では非常にうまくやっていると思った。それ以上にはなってない感じもしたけど。ただあの原作を映画化するという意味ではうまくやってるなというか、ああいう形だよね。監督がちょっと癖がある監督じゃないですか。岸善幸さん。

児玉　岸監督は『あゝ、荒野』も良かったし、その前の『前科者』も素晴らしくて。なので今回の『正欲』も演出面で楽しみにしてたんです。ただ先ほど佐々木さんも言ったように、水のモチーフがきわめて映画的に画的なことに鑑みたとき、そこまで水の描写に満足できなかったんです。

佐々木　あの映画は後半完全に水推しじゃないですか。僕は途中からはあまり気にならなくなったんだけど、これは今まで自分が観た岸監督の映画でも思ったことで、何でも映像化しちゃう部分がある。特にガッキーのイメージシーンみたいなのあるじゃん。水の中に入っていく。ああいうのは原作の中にあるわけじゃないけども、原作の持ってるイメージを映像化しようと思う

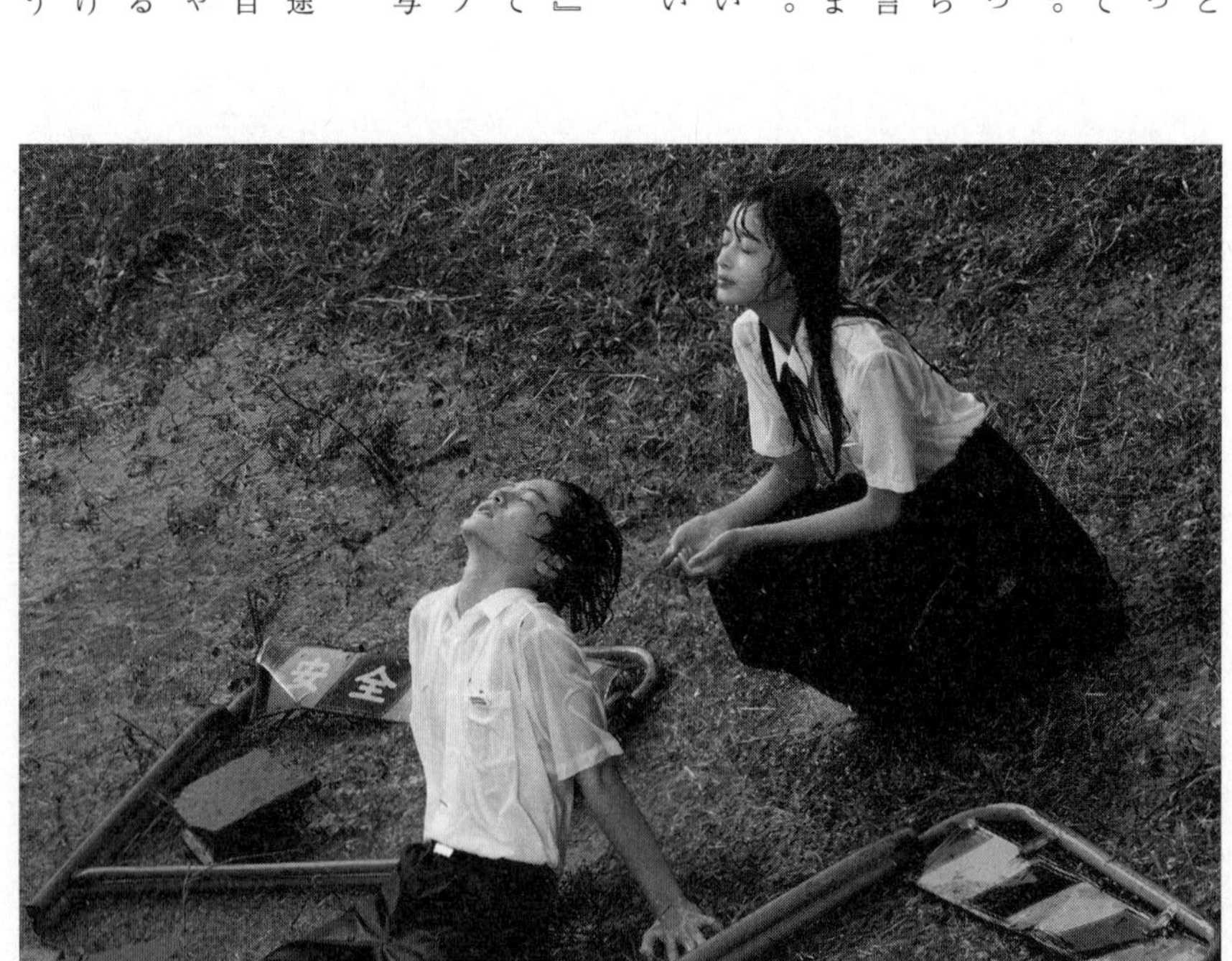

『正欲』©2021 朝井リョウ／新潮社　©2023「正欲」製作委員会

と、水を媒介にしたらああいうシーンって思いつくじゃん。これが割とストレートに出ちゃってる感じがあった。小説を映画にするわけだからイメージにしなきゃいけないわけだけども、そのイメージ化がやりすぎというか、僕の好みからするとそこまで見せなくてもいいのにと思っちゃう。見せちゃってるところが、お金のかかってる映画というか、お金を稼ぎたい映画なんだと思った。あの原作が持ってる問題性の一方でちゃんとメジャー映画にしようというプロダクション側の意思も感じる部分があって、それにちょっと戸惑った。あの原作でもっと小ぶりな映画を撮ったらずいぶん違う映画になったような気もする。その見せすぎじゃないかという気持ちを乗り越えたら、俳優さんはみんな頑張ってるので楽しく見れましたけど。でも、この『正欲』について話さないとならないのは、こういう話じゃなくて、『正欲』の性欲がどうなのかってことですよね。

児玉　『反＝恋愛映画論』でヨルゴス・ランティモスの『ロブスター』が2010年代を代表する反＝恋愛映画だっていうお話をしたじゃないですか。『正欲』は『ロブスター』に繋がっていくところがあって、異性間の性行為を擬似的にデモンストレーションする場面もありますし、既存の恋愛や性愛の有り様を脱臼させるというか異化的に描いて「そっちだって〝変〟じゃん」みたいなことを言ってる映画じゃないですか。その部分はもちろん『ロブスター』が好きな私の好みではあるんですけど、見せ方が引っかかっちゃったというか。途中でいわゆる「ＬＧＢＴ」などの要素も入るじゃないですか。多様で複雑極まりないセクシュアリティとか性的指向といった現象を、「理解されやすさ」や、「受け入れられやすさ」といった尺度をもって、序列化して見せてるような建て付けに捉えかねられないのに少し疑問を持ちました。さらに水に対して性的欲望を覚える男のうちの1人が別の「指向」もあるんだと言ってそれが小児性愛ということが明らかになるじゃないですか。いろんな指向性を並列していくにあたって「犯罪」というものを導入したときに、そこに「危うさ」の判定も入ってきてしまう。そこまでいろいろと並べていかなくても、ただこういう「指向」があるのだ、ということを納得させられないものなのか。

佐々木　今の美月さんの違和感は、完全に『怪物』問題と繋がることだと思う。啓蒙的な部分があるわけだよね、この話自体が。いろんな人がいますよみたいな話になっている。ポリコレの時代になって、いろんな人がいることを認めましょうというときに、それをどこまで認められるのかって話なわけですよ。それがタイトルの「正」しい「欲」になっている。それがこの物語だと水になってて、水に性欲を抱くって当人以外にはわからないことじゃないですか。これはわからないぐらい遠い必要がある物語なんだよね。わからないぐらい遠いものとして水を選んでるところも、朝井リョウがすごくクレバーで、かつずるいところだと思ったわけです。つまりこれ、例えば動物愛とかだったら、全然成立しない話になっちゃうわけ。

児玉　他のセクシュアリティと比べて水に欲望を抱く人をこの映画の中では理解されない側とか受け入れられ難い側に位置づけてはいるけれども、とはいえその対象である水って非常に美しいものだから、拒否反応があまり生まれないのでは。

佐々木　突飛さが受け入れられやすいんだよね。水ぐらい遠くてかつ普遍的なものだと、わからないなりにありになっちゃう。それを詐称して少年愛の欲望を満たそうとする男が起こした事件が物語としては鍵になっている。それによって水で繋がった人たちも、普通の人は水に性欲を抱くなんて思えないから結果としてみんな小児性愛者だと思われて逮捕されるという展開になるわけじゃないですか。そこで彼らは水が好きだってことを理解されないと思ってるから、それについて強く主張しないというのが物語の底辺にある。

物語のロジックとしては水は極端なまでに性欲から遠いものとして描かれてるし、そうじゃないと成立しない物語の構造になってる。でもやっぱり水だから、美月さんが言ったみたいに、無しなんだけどありになっちゃう。あの物語自体がうまくできてるんで、その上手さが、これはちょっと軸は違うけども『怪物』についての違和感と同じで、結局それは本当にこの問題についてちゃんと問題提起とか、問題を共有しない人たちに対してその問題をちゃんと考えてもらうためのきっかけたり得るのかっていう。これは他山の石みたいなものの極端化したケースで、そういう人がもし身近にいたとしたら認めてあげないといけないよねっていうことで済んじゃう。しかも実際に水に性欲を抱く人は別に身近にいるわけじゃないところがトリッキーだなとは思ったんですよね。

児玉　そういう作品が世にはびこると、「ＬＧＢＴ」とか最近よく映画やテレビで見かけるし、深層のところで理解できていないのに理解したって気にさせて、やがて「もう飽きた」みたいな心象にさせてしまったりすることもあると思う。さっき言い忘れちゃったんですけど、ほかの題材を扱う作品で「ＬＧＢＴ」をもう既に世間に受け入れられたとか、理解されてるみたいな使い方をすることが増えていますが、実情とかけ離れてると思うので、そういう意味でも焦点は絞った方がよかったのではないかと。これはもちろん私はそういう風に解釈しましたよ、という話ですが。

佐々木　てんこ盛りだもんね。「あのシーンは？」みたいなことを、こうふうに語れるという意味では。その最たるものが、水で繋がった2人がセックスの真似事をしてみようというシーン。あれもやっぱり途中から水が出てきてちょっとイメージシーンみたいになるじゃないですか。原作にもあるシーンなんだけど、原作だと結構サラッとしてるのね。「やってみようよ」みたいな。ただやってみようよっていうときに、映画だと俳優さん2人が、しかも片方はガッキーがそういうシーンをするわけで。物語の中のあの場面の機能という意味では別にラブシーンじゃないんだけど、見た目はラブシーンになっちゃうんだよね。だって全然あの2人は恋愛意識を持ってないんだから。持ってないってことでないとあの話は成立しないはずで、あの2人は同志であって恋人じゃないわけだから。なのに恋人ぽく見えちゃうというのが映画だとより助長されるわけだよね。しかも異性愛者の人たちにとっては、あのシーンはちょっとドキドキしちゃうと思うわけ。だからそれがある意味ずるいとも思う。僕はあのシーンはちょっと盛り上げすぎだろうみたいな気持ちになった。

児玉　今、佐々木さんのお話を聞いて、非異性愛のセクシュアリティをもちながら生き抜くために共にいる者同士が、なぜ異性同士に設定されているのかについてはもっと考えなければいけないと思いました。ここにはかなり捻れた構造があるのでは、と。異性同士でなければ仮初の「結婚」という展開がまず成り立たないという原作における設定がある前提を一旦置いておくとして、つまりある種の「受け入れ難さ」をしかも映像作品において描くにあたってすでに「受け入れられている」異性愛の（ように見える）表象が動員されているということですよね。佐々木さんが先ほど「ずるい」と言ったところはそこにもかかってきてるのかもしれません。水へのフェティッシュが多くの観客から「遠い」のだとして、そういったところに寄り掛からなくも、水の映像表現の仕方次第では、少しでもそうした観客の遠さを解消できたかもしれない。

佐々木　水のシーン自体はすごく綺麗に撮ってて、後半は公園の噴水みたいなのがいっぱい出てくるじゃないですか。これもなんで水なのかってことと全部ぐるぐる回っちゃうので話が循環しちゃうんだけども、フェティシズムの中でも性欲だとかなりはっきり述べている物語ではあるので、本当はすごく極端に言うと水で射精してるわけだよね、男性は。だからそういう身体的なレベルでも性欲の対象であるんだってことを、もっと結構露骨に描いたら水であるってことのリアリティは出てくると思うんだけど、でもそれはできないじゃない。だから結局うまく逃げるために水にしたみたいな部分もあると思って。朝井リョウは最初、水以外にも検討したと思うわけ。まず生き物か生き物じゃないか問題があって、物語自体は動物でもいいと思うんだよね。犬が好きでたまらないとかそういうことだってあるわけですね、性欲として。でもそれだと生々しすぎるし、普通の人の嫌悪感や違和感をあまりにも招き寄せやすい。じゃあ生き物じゃなかったらどうなんだろうと。そうするとわりとロジカルに水にたどり着いちゃう気もする。とにかくそこを軸として置き、その周りにセクシュアリティの話をいっぱい入れたいというのでいろんな物語をエピソード的に付け加えていく。他の話も全部ほぼ原作通りなんだよね。例えば大学生が出てくるじゃないですか。女子大学生が男性が怖い。映画ではそこまではっきり描かれなかったけど、原作ではお兄さんから性欲の対象みたいに見られていたことが元々彼女にはあって、それがきっかけで男性が怖いという人なんですね。でもたまたま見かけたダンスを踊ってる男の子だけはなぜかそういう怖い気持ちにならなかったと思ったら、彼は水に性欲を抱く人だったという展開になってる。あの役は東野絢香さんという女優さんがやってて、彼女が男の子から「俺に構わないでくれ」って言われて顔ドアップで呆然としてボロボロに泣いちゃうみたいなシーンがあったと思うんだけど、あのシーンはめちゃくちゃ上手くてちょっと驚いた。僕はあの女優さんは舞台でも見てて、注目の憑依型の俳優さんだなと思ったんだけども。

彼女は男性を好きになること自体してこなかったし、男性を好きになること自体が考えられないような意識を元々持ってる。男性の方は全くそれに対して最初は受け入れようとしない。あのエピソードは原作読んだときにもなかなかうまくできてるとは思った。彼女が結局は異性愛者だったけれど男を今まで好きになれなかったのは怖かったからで、好きになる男が現れたのは、彼が女が好きな男じゃなかったからなんだけど、彼女はそんな彼を男として好きなんだよね。だからそれは成立しない。成立しないからこそ友情になりうるわけ。彼女の方はそれでも私はあなたと関わりを持ち続けたいみたいな態度をとるし、それに対して拒絶した彼も2度と会いたくないみたいにはならないような感じになっていくのは美しいなと。演技のうまさも含めて、あれはすごく好きなシーンではあったんですよね。

児玉　あの女の子がお兄さんに性欲の対象として見られてたっていうのは映画では描かれてましたっけ。

佐々木　ちょっとだけ出てくるんだけど、それだけですね。

児玉　あんまり映画でしっかり描かれてないのかもしれませんが、本来であれば向かうべきではないところに性欲が向かってしまう、その対象になるわけじゃないですか。その設定は捻られていて大事ですね。

佐々木　『反＝恋愛映画論』でも繰り返し論じてたことですけど、恋愛感情と性的欲望のグラデーション、もしくは対立問題みたいなのがある。この映画は、そういうことをたくさん語ることができる、提示することができる設定になってるんだけど、上手くいってるところといってないところがある。一番軸になってる水というのが、すごくはっきり提示しているように見せかけて、うまく逃げる道具になっちゃってる。だから『バービー』と同じになっちゃうんだけど、見た人はどう思うんだろうっていう。

児玉　わからないですね。今日公開でこれからいろんなレビューが出てくると思うんですけど、気になるから追いたい気持ちはありますね。あと、この映画の稲垣吾郎はすごい「普通」というものに正義を感じてる人物造形で、ラストシーンで彼を置き去りにしてドアが閉まっていくっていう描写だったと確か思うんですけど。あのラストシーンは本当によかったです。

佐々木　要は悪役なんだよね、あの役は。かなり明確にあの映画が最終的にある種の糾弾をしようとしているようなメンタリティを代表させていて、それはブレない。あそこで彼もちょっと目覚めたみたいな感じにしちゃうと全てが台無しになるから。極端ではあるかもしんないけども、ああいう役を入れておくのはいいことというか、明確さが増すよね。

児玉　映画の中に不理解な人間がいたときに、映画って最終的に理解させようというか、わからせようという方に持っていくと思うし、そこを落としどころにしたりするから、そういう不理解者をそこに置いてくのは、これはすごい落とし方だなと思いましたね。

佐々木　割とわかりやすくそれをしてるもんね。ドアをバーンって。あと稲垣吾郎とガッキーが道で偶然会うとこあるじゃないですか。この辺に住んでるんですみたいな話をするシーン。あれも原作にもエピソードとしてあったと思うんですけど、あれを見ると、その人がどういう欲望を抱いてるかみたいなことを問題にしなければ、稲垣吾郎は他人に親切で優しい人だということが描かれてるじゃない。だから余計あの理解ができない感じが際立ってうまいなと思った。演技もすごくいいなと思ったし。ガッキーが意外なほど演技派への道を歩んでいるところも面白い。

児玉　役者さんたちにとってはキャリアをステップアップさせるような作品だったんじゃないですか。

佐々木　演じ甲斐あるよね。

児玉　磯村勇斗さんも近年、石井裕也監督の『月』とか、問題作にあえて出てるようですし、役者さんたちはみんな自分の意思をちゃんと持ってやったんだなというのは伝わってきましたね。

佐々木　映画としてもいろいろ問題提起してるし、基本的には良心的な誠実な映画だなとは思いますね。むしろこの映画の持ってる単純さと複雑さの両方が観客にどう受け取られるのかで、この映画がどういうことを成し得たのかが今後見えてくると思う。繰り返しになっちゃうけど、ＰＣって学習できちゃうから、学習ならまだいいんだけど、詐称・偽装できちゃう。それだと何もなってないと思うので。問題提起的な映画ほど、問題提起をしてるようでいて、結局その問題を人が真剣に考えることを回避させる機能を持っちゃうことが多いから。下手すると無意識的にはそのために作られてる可能性すらある。この映画を作ってる側がそこまで戦略的に考えてるとは思わなくて、ある種の誠実さがちゃんとあると思ってるので、それが観客にも伝わるといいなとは思いますね。

直球すぎる恋愛映画

児玉　『バービー』と『正欲』の二本を軸に語りましたけど、佐々木さんの方で今年の反＝恋愛映画として語っておきたい作品って、何かありますか。

佐々木　絶対語っておかなきゃならないと思ったのは『別れる決心』ですよね。『別れる決心』は「反」どころか完全に恋愛映画じゃないですか。極端なまでの怒涛の恋愛映画（笑）。怒涛すぎて逆に反転するみたいな映画だと思って。あんな話を映画にしようと思ったこと自体がすごいっていうか、映像も役者も異常なまでのテンションでお送りしてるじゃないですか。

児玉　そういう意味の反＝恋愛映画ですね！

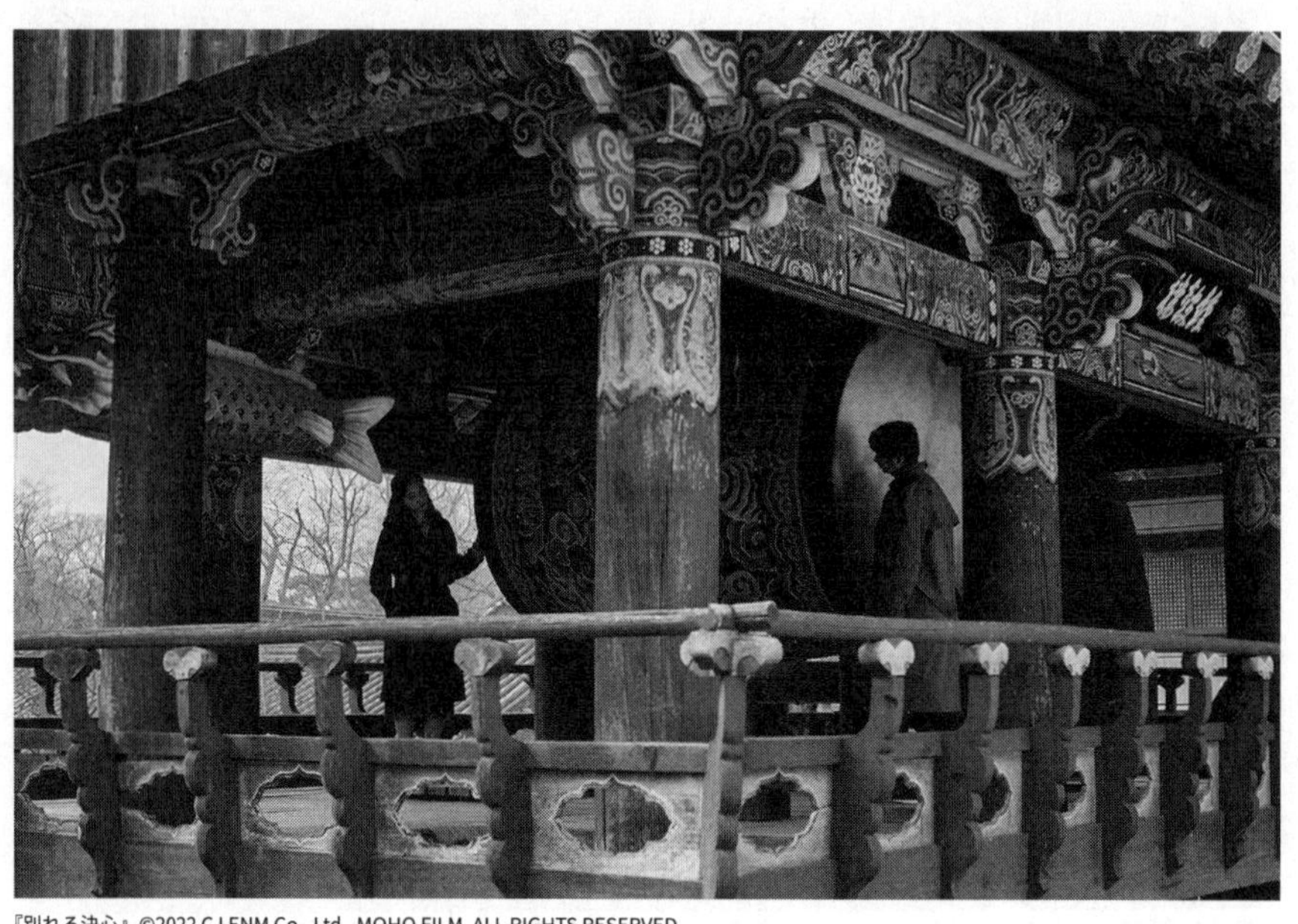

『別れる決心』©2022 CJ ENM Co., Ltd., MOHO FILM. ALL RIGHTS RESERVED

「反」ということでいえば、反＝ファム・ファタール映画だなとは思ったんですよね。劇中で男の方が「僕は崩壊しました」っていうセリフを言うじゃないですか。あそこが本当にあからさまで、男を破滅させるのがファム・ファタールですから、その辺もおそらくパク・チャヌクはやっぱりあえてわかりやすい形でやってるなと思いましたし、観ていくと、ファム・ファタール像を描くぞというよりはそこから離れようというか、それを葬ろうとしてる感じがこの映画にはあるなと私には見えました。

佐々木　いろいろ複雑で、主人公の刑事が、犯人だと思ってたら犯人じゃないのかなと思ったらやっぱり犯人だった人みたいなあの女にどんどん囚われていく話じゃないですか。でも、女の人は中国人だっていうことも背景では効いてる。物語の構造としては、恋愛映画的に見れば、あれも一目惚れ映画なんだよね。二人とも出会ったときにある種恋に落ちてるわけですよ。でも恋に落ちるわけにいかない関係性の上に、もう全然何考えてるかわかんないみたいな、男からすると彼女は得体のしれなさ抜群じゃないですか。なんかわかんないけど向こうの方がグイグイくる。結局それがなかったら最初の事件で彼女は疑われたけど犯人じゃありませんでしたみたいなところで終わってるわけじゃないですか。にもかかわらず、女の人の方がむしろ追ってくるわけだよ、彼のことを。刑事の奥さんが原発に勤めてて、そのせいで彼が転居するわけだけど、そこに彼女が現れることが物語を走らせるきっかけだから。実質的には追ってきてるんだよね。本当に追ってきてるかどうかはわからないけど、追ってきてるのと同然になっちゃうわけじゃないですか。だからずっと感情のあり方としては最初からこの2人は恋し合ってるんだけども、状況や境遇がそれを許さないし、許さないがゆえにそうじゃないと特に男性の方は思い込もうとする部分があるから。本当は最初から恋愛が成立しているのが成立しない感じになっていて、それをお互いに認めたときに、別れる決心をしなきゃいけなくなるっていう意味で、タイトルもすごい効いてる。構造としてはド直球の恋愛映画だと思うんだけど、でもそれを捻りに捻ってあれだけ長い映画にしてるところはさすがだなと思いましたよね。結局最後まで何も成立しないじゃん。最後も結局どうなったのって終わってるわけで、あの引っ張り力はすごい。

児玉　割と最初からもう2人が完全に恋に落ちているっていうことを提示しつつも、それがわかりやすい形でセックスに発展するわけでもないし、ずっと触れるか触れないかのギリギリを攻めてくわけじゃないですか。多分キスシーンがあったと思うんですけど、この二人はキスもしないと思ってたら意外にキスシーンがあってそこはちょっとびっくりしたんですけど。でも完全に結ばれるところに落ちずに結ばれるか結ばれないかみたいなところでずっとやっていくのは張り詰めた緊張感があって面白かったですね。

佐々木　この綱渡り感。しかも結ばれることはできないじゃない、物語的には。結ばれることは不可能な関係性だから。そこはファム・ファタールといえば本当にそうで、ある1人の女に恋して恋されたがゆえに男がどんどん翻弄されていく話なんだけど、その翻弄のされ方がぶっ飛んでるので普通の映画じゃなくなる。男の方も好きである気持ちを極端なまでに抑圧していこうとして、むしろ逃げてるわけだよね。逃げようとしながら行っちゃうみたいな。しかもそれをなまじっかな心理描写じゃなく、思いっきり外連味たっぷりの演出と映像で見せていくところが、パク・チャヌクたるが所以ではあるんだけども。終わったときどっと疲れたみたいな感じはあったよね。

児玉　1秒ごとにこれ何だろうっていう描写がもう本当に波のよう押し寄せてきて。目薬をさす謎のクロースアップショットとかも入れてくるじゃないですか。もう全てが謎みたいな感じで見応えがありましたね。

佐々木　物語の作り方もうまいよね。全然あり得ない話なんだけど（笑）、韓国映画が持ってるストーリーテリングの強引さが感じられながらも、有無を言わさぬすごさはあった。怒涛の非日常的恋愛映画。

児玉　『バービー』も『正欲』も、この『別れる決心』も、全て男性性の滑稽さみたいなものを共通して描いてたと思うんです。この映画は明らかに中国人の女性をファム・ファタールとして描いてるわけですけど、最後海で消えちゃうシーンでは、ずっとロングショットで遠目から撮ったりして、あのカメラワークも男性に対して、ファム・ファタールの女性なんて一生捕まらない、ただの幻影だぞと言ってるような気もして。その辺の演出というか、本当にパク・チャヌクって技巧的なことをやるなって思いました。

佐々木　彼女のキャラクターは中国からやってきたとか、描かれてない部分も含めて、いろいろ深読みができるようになってるじゃない。最後までどのぐらいまで悪人だったのかもわからないし、どこまで意図的にやっててどこまでが運命のいたずらなのかもわからない。わざとそうしてるんだけども、進んでいくにつれてわかってくるのは、彼女は異国で生きていくために、ある意味ではのし上がるために、いろんなことをしていったということなわけです。その中で明らかにやっぱ人を殺してるから、言ってみれば悪女なんだけど、その中で自分を取り調べに来た刑事のことだけが理屈を超えて好きなんだとわかってくるところが、グッとくるところだと思うんだよね。あの女はファム・ファタールなんだけど、主人公を操ろうとか利用しようと思ってない。いや利用はしてるんだけど、気づいたらそういうことがどうでもよくなってしまうくらいの恋に落ちてしまう。そこは実はちょっと片思い映画みたいなところもあって、なんかわかんないけど女の方が、彼に構ってくるわけじゃないですか。

児玉　片思い映画だから佐々木さん好きなんじゃないですか（笑）。

佐々木　そうは言わないけど、ただ話としてはそういう構造を持ってる。だから行動だけとったら、あの女の人ってもう何か情状酌量の余地がないぐらいに悪である可能性が高いわけじゃん。そうしなきゃならないような不幸な境遇とか来歴があるとは思うんだけども。それと全然別にそんな女が刑事を好きになる。彼女にとっても刑事に構うのって危険じゃん。その自分が犯したかもしれない罪が彼によって暴かれてしまうかもしれないわけで、むしろ暴かれないために恋ということにするのがファム・ファタールの一つの方法論なんだけど、そういうふうにも話が転がっていかないから、心理の襞みたいなものがすごいうまくできてる。一見普通のようでかなりオリジナリティがある物語になってると思ったんですよね。『別れる決心』っていうタイトルも最後の最後でわかるじゃん。わかるというか、わかりもしないというか、これで別れる決心ってどういうこと？みたいに思う。

児玉　これ『お嬢さん』の次の映画ですからね。私にとっては『お嬢さん』の後に何が来るのかワクワクしてたんですけど、これなんだっていう納得感もあったし、満足しました。私は今年見た恋愛映画の中で一番好きな一本ですね。

佐々木　大したもんだとしか言いようがない。それこそ『お嬢さん』の次で、ある意味どんなもんだろう、それはすごいに決まってるけどね、みたいな気持ちで観たけど、ちょっと意外性もあるし、パク・チャヌクこういう話やるんだみたいなのも。物語としてはもう完全にメロドラマだもんね。連ドラとかにありそうな話。それをあの凝縮度とテンションで乗り切るのは、大したもんだし、今話してたらもっかい見たくなったね。

児玉　メロドラマとファム・ファタールっていうのをこの時代に、

それこそある意味「ポリコレ」とかとは少し離れたところで、真っ当に映画やってるのもちょっと嬉しくなったりとか。
佐々木　ド直球をこのテンションでやると、逆に変わった映画に見えちゃうのが今ってことですよね。

映画についての映画と恋愛

――最後に、最初に言ってた児玉さんの方から佐々木さんにおすすめしたい作品みたいなのがあるようならお願いしたいです。
児玉　『怪物』を観てるんだったらルーカス・ドン監督の『CLOSE クロース』を観てもいいんじゃないかなと思います。
佐々木　激推ししてたやつですよね。
児玉　これは反＝恋愛映画なんですよね。例えば同性の男の子同士がいちゃいちゃしてたら周囲は恋愛とか性愛みたいな眼差しで見ちゃうけども、本当はそれだけじゃない親密さもあるんだっていうことを言ってる映画なので。
佐々木　ちょっと設定というか入口が『怪物』と似てるんだよね。前に会ったときにも『クロース』の話してくれたけど結局見逃したままなので、観たいとは思ってます。
児玉　あと『フェイブルマンズ』の話が出ましたけど、巨匠が映画についての映画を撮るみたいなのも今年多かった

『フェイブルマンズ』©2022 Storyteller Distribution Co., LLC. All Rights Reserved.

じゃないですか。『バビロン』もそうだし。その意味で恋愛映画としておすすめしたい映画のが『エンパイア・オブ・ライト』。

佐々木　サム・メンデス監督ですよね。観たかったんだけど、気づいたらもう終わってて、今配信待ちです。評判良かったけどね、身の回りでも。

児玉　中年女性と年下の黒人男性の恋愛が描かれてるんですけど、まずそういうのがハリウッドで珍しいというのもあるし、これは恋愛映画として1級品だなと思いました。

佐々木　『フェイブルマンズ』って思ってた映画と全く違って、感動的なスピルバーグの自伝映画みたいな感じで、映画作りの楽しさとか映画作りの夢をみたいに宣伝されててさ。スピルバーグだからそういう映画を撮るだろうなと思って観たら、映画を作ることの苦しみとか、映画に囚われることがいかにキツいかみたいな話になってて、それがすごいと思ったんですよね。それにお母さんの恋愛の話が絡んでて。しかもあれほぼ事実らしいんで。そのお母さんがお父さんと一緒に何かやってた親友みたいな人と恋に落ちちゃって、みたいなことでスピルバーグの両親って離婚してて、両親が亡くなったのがきっかけであの話をやろうと思ったという。スピルバーグがものすごく変わったと思ったんだよね。『フェイブルマンズ』みたいな映画をスピルバーグ自身も自分が撮ると思ってなかったんじゃないか。あの映画を観たことによってスピルバーグの今後にすごく期待しちゃうと思ったんですね。あのお母さんを演じたミシェル・ウィリアムズが好きだってこともあるんだけど、彼女がやっぱ死ぬほどうまいので、お母さんは要は単に恋愛して夫以外の人が本気で好きになっちゃったみたいなことで、それはストレートな恋愛のエピソードなんだけども、主人公の少年にとっては極めてきついことに結果するっていうのがうまく描かれてて。僕ちょうどあの映画のと同じ時期に『エヴリシング・エヴリウェア・オール・アット・ワンス』があったよね。めっちゃ評判良くて僕も観たときは面白かったんだけども、その後『エヴエヴ』の主演のミッシェル・ヨーがオスカーで主演女優賞を取ったじゃん。でもミシェル・ウィリアムズは候補にもならなかったんだよね。僕はミッシェル・ウィリアムズのほうが全然いいと思って。『エヴエヴ』は面白いけど狙ってることがはっきり見えすぎる。『フェイブルマンズ』の方が撮ってる人が苦悩してる感じがある。スピルバーグがあれだけの名声を得ながら変わろうとしてるのにはすごく好感を抱いたし、その中でお母さんの不倫の話が中核にあるのは、あの映画を語るときにあんまり言われないことで、そこもすごい好きだったんですよね。他にも好きな要素はあるんだけど。

児玉　佐々木さん、めちゃくちゃ『フェイブルマンズ』好きですね（笑）。

佐々木　モテ男で主人公をちょっといじめる男の子のシーンも複雑なニュアンスがあってよかったですよね。スピルバーグに求められてるものって、ある種の明快さじゃないですか。明快さが彼の持ち味だし、明快さを失っちゃうと訳わかんないことになるんだけど、『フェイブルマンズ』はそれを恐れてない。それはやっぱり自分の話だから、実際にあったことなんでこういうふうに描かざるを得ないんですって言えるからね。人間ドラマとして、非常に見応えがあったと思うしすごい好きでした。ミシェル・ウィリアムズが出る映画にハズレなしってこともある。

児玉　私も『フェイブルマンズ』はスピルバーグの中で一番好きですね。佐々木さんは今泉力哉監督の『アンダーカレント』はご覧になってると思うんですけど、今年は今泉監督もう1本、新作があって『ちひろさん』っていう映画があるんですけどそちらはまだ観られてないですか。

佐々木　『ちひろさん』は有名な漫画が原作だと思うんだけど観てないです。

児玉　主演が有村架純なんですけど、これも明確に反＝恋愛映画と言っていいと思うんです。私たちの『反＝恋愛映画論』談義でも『花束みたいな恋をした』をはじめとして有村架純は何度か出てきてますが、そういう自分が出てきた恋愛映画に反旗を翻すような映画でもある。有村架純が男を引っ掛けて寝るだけ寝て、恋愛関係に至らないという自己言及的な、自分の今までのペルソナを覆すような反＝恋愛映画だったと思うので、これも観てもらえないかなと思いました。

佐々木　こうやって話してくると日本映画も変わってきたよね。もちろんメジャーなところでは今でもカッコいい＝男らしい、カワイイ＝女らしい、みたいなのがあるのかもしれないけど、時代はすごく変わってる。映画作家の主体性がある程度確立されてる映画に関しては、日本映画も変わってきたし、今後も変わっていくだろうと思いますね。

児玉　女性映画もますます多様になってきましたし、女性監督の目覚ましい台頭などもあって女性の描き方に話が行きがちかもしれませんが、男性の描き方もまた急激に変わってきてる時代だなと本当に思います。

『正欲』
©2021 朝井リョウ／新潮社　©2023「正欲」製作委員会
大ヒット上映中！
キャスト：稲垣吾郎　新垣結衣
監督・編集：岸善幸　原作：朝井リョウ『正欲』（新潮文庫刊）
脚本：港岳彦
音楽：岩代太郎　主題歌：Vaundy『呼吸のように』（SDR）
製作：murmur
制作プロダクション：テレビマンユニオン
配給：ビターズ・エンド

『別れる決心』
Blu-ray & DVD 好評発売中
5,500 円 (税込)
発売元：株式会社ハピネットファントム・スタジオ
販売元：株式会社ハピネット・メディアマーケティング
配給：株式会社ハピネットファントム・スタジオ
©2022 CJ ENM Co., Ltd., MOHO FILM. ALL RIGHTS RESERVED

『フェイブルマンズ』
4K Ultra HD+ ブルーレイ : 7,260 円 (税込)
発売元 : NBC ユニバーサル・エンターテイメント
©2022 Storyteller Distribution Co., LLC. All Rights Reserved.
2023 年 12 月の情報です

プロフィール

伊東美和
ゾンビ映画ウォッチャー。編著に『ゾンビ映画大事典』『ポール・ナッシー』、共著に『ゾンビ論』『ジョージ・A・ロメロ』（すべて洋泉社刊）などがある。

宇野維正
映画・音楽ジャーナリスト。YouTubeで「MOVIE DRIVER」を更新中。「MOVIE WALKER PRESS」「メルカリマガジン」「キネマ旬報」「装苑」で連載中。著書『1998年の宇多田ヒカル』（新潮社）、『くるりのこと』（新潮社）、『小沢健二の帰還』（岩波書店）、『日本代表とMr.Children』（ソル・メディア）、『2010s』（新潮社）、『ハリウッド映画の終焉』（集英社）。

大槻ケンヂ
1982年、ロックバンド「筋肉少年少女隊」結成。その後「筋肉少女帯」に改名。1988年「筋肉少女帯」でメジャーデビュー。エッセイ、小説、作詞、テレビ、ラジオ、映画等多方面で活躍中。「特撮」、「大槻ケンヂと絶望少女達」、「オケミス」他、多数のユニットや引き語りでもLIVE活動を行う

片刃
『新世代ホラー2022』『ダリオ・アルジェント 「サスペリア」の衝撃』に寄稿。日本公開も配信も未定なのでベストに入れられませんでしたが、『The Outwaters』は予想の斜め上すぎる世界へ飛べる傑作です。

川瀬陽太
俳優。1969年12月28日生まれ、映画『感染列島』や、映画『今日、恋をはじめます』『さよなら歌舞伎町』『シン・ゴジラ』、ドラマ『anone』『きのう何食べた?』などに出演。『第25回日本映画プロフェッショナル大賞』で、主演男優賞を受賞（『ローリング』、『犯る男』）。

上條葉月
字幕翻訳者。不定期に上映企画を主宰、ZINE「Édition COUCHON」を発行。ハトが好きです。

カミヤマノリヒロ
1972年生まれ。「三角絞めでつかまえて」というブログを書いてます。ラジオ番組『アフター6ジャンクション2』が好きです。2023年は、11月22日の時点で新作映画を劇場で282本鑑賞しました。

北村紗衣
専門はシェイクスピア、舞台芸術史、フェミニスト批評。ウィキペディアンとしても活動する。著書に『お砂糖とスパイスと爆発的な何か』（書肆侃侃房）、『批評の教室』（ちくま新書）、『お嬢さんと嘘と男たちのデス・ロード』（文藝春秋）

木津毅
ライター。映画、音楽、ゲイ・カルチャーを中心に執筆。著書に『ニュー・ダッド あたらしい時代のあたらしいおっさん』（筑摩書房）、編書に田亀源五郎『ゲイ・カルチャーの未来へ』（ele-king books）がある。

児玉美月
映画文筆家。『文學界』、『文藝』、『群像』、『ユリイカ』ほか寄稿多数。RMFF、eiga worldcup、早稲田映画まつり審査員。共著に『反＝恋愛映画論』（ele-king books）、『「百合映画」完全ガイド』（星海社新書）。

堺三保
批評家／翻訳家／脚本家／リサーチャー。英米のSFやミステリを中心に小説／映画／ドラマ／コミックスなどのレビューや翻訳を手がける。テレビアニメの設定考証や脚本の仕事も多い。近年は自主製作で映画を作り、フィルムメイカーとしても活動を始めている。

佐々木敦
HEADZ主宰。文学ムック「ことばと」編集長。芸術文化の複数の分野で活動。著書に『「4分33秒」論』『小さな演劇の大きさについて』『映画的最前線 1988−1993』『ゴダール・レッスン あるいは最後から2番目の映画』『ゴダール原論——映画・世界・ソニマージュ』など。

佐々木勝己
映画監督。監督作に『星に願いを』『真・事故物件 本当に怖い住民たち』『真・事故物件パート2 全滅』など。

侍功夫
映画ライターもするサラリーマン。我が家の黒い愛猫「オコエ」の名前は『ブラックパンサー』最強近衛兵長オコエ姐さんからいただきました。

品川亮
『STUDIO VOICE』元編集長、現在フリーランスとして執筆・翻訳・編集を手がける。著書に『366日 文学の名言』（共著）、『366日 映画の名言』（ともに三才ブックス）、『美しい喫茶店の写真集』（パインターナショナル）、『〈帰国子女〉という日本人』（彩流社）など、訳書に『スティーグ・ラーソン最後の事件』（共訳）、『アウシュヴィッツを描いた少年』（共にハーパーコリンズ・ジャパン）がある。

柴崎祐二
音楽ディレクター、評論家。2006年よりレコード業界にてプロモーションや制作に携わり、多くのアーティストのA&Rを務める。単著に『ミュージック・ゴーズ・オン〜最新音楽生活考』（ミュージック・マガジン）、『ポップミュージックはリバイバルをくりかえす』（イースト・プレス）編著書に『シティポップとは何か』（河出書房新社）等。

城定秀夫
映画監督。100タイトルを超える作品でメガホンをとり、20年の青春映画『アルプススタンドのはしの方』でヨコハマ映画祭監督賞、日本映画プロフェッショナル大賞監督賞を受賞するなど高い評価を得る。

高橋ターヤン
ライター。『ムービープラスの副音声でムービー・トーク!』という番組に出演したり、不定期で映画木っ端微塵という映画紹介イベントをやってます。

高橋ヨシキ
映画評論家、アートディレクター。長編初監督作品『激怒』。『悪魔が憐れむ歌 ―暗黒映画入門』（ちくま文庫）、『ヘンテコ映画レビュー』（スモール出版）、『シネマストリップ』シリーズ（同）など著書多数。

田野辺尚人
編集者。1995年に洋泉社で町山智浩と『映画秘宝』創刊、2代目編集長。2011年より『別冊映画秘宝』編集長。現在は映画秘宝公式note、DOMMUNE MOVIE CYPHER編成などの労働。

月永理絵
出版社勤務後、フリーのライター、編集者に。雑誌『映画酒場』『映画横丁』編集人を務めるほか、朝日新聞で映画評の執筆、『週刊文春』での取材仕事など。

てらさわホーク
ライター。著書『シュワルツェネッガー主義』（洋泉社）『マーベル映画究極批評』（イースト・プレス）。共著『ヨシキ×ホークのファッキン・ムービー・トーク!』（イースト・プレス）。

戸田真琴
文筆家・映画監督。著書に「あなたの孤独は美しい」（竹書房）、「人を心から愛したことがないのだと気づいてしまっても」（角川書店）、「そっちにいかないで」（太田出版）、監督作に映画「永遠が通り過ぎていく」がある。

Knights of Odessa
東欧映画愛好家。チェコ映画『マルケータ・ラザロヴァ』とハンガリー映画『Sinbad』に魅了されて以来、東欧映画を観続ける会社員。noteにて東欧映画紹介記事を投稿している。

プロフィール

中沢俊介
翻訳家、ライター。映画『マーベルズ』のヒーロー三人のうち、二人が共闘するコミック『ミズ・マーベル：チーム・アップ』（小学館集英社プロダクション）の翻訳を担当。

夏目深雪
映画批評、編集、多摩美術大学講師。アジア映画、ジェンダー論、メディア論を中心に批評活動を行う。近刊（共著著）に『韓国女性映画 わたしたちの物語』（河出書房新社）。最新寄稿は『作家主義 ロウ・イエ』（A PEOPLE）。

ナマニク（氏家譲寿）
文筆家。映画評論家。著書『映画と残酷』（洋泉社）。日本未公開映画墓掘人。ホラー映画評論 ZINE「Filthy」発行人。残酷映画字幕監修もやってます。加えてコッソリと外国の自主制作映画に出演している隠れ役者でもあります。

西森路代
フリーライター。主な仕事分野は、韓国映画、日本のテレビ・映画やお笑いについてのインタビュー、コラムや批評など。単著に『韓国ノワール　その成熟と激情』（Pヴァイン）ハン・トンヒョン氏との共著に『韓国映画・ドラマ――わたしたちのおしゃべりの記録2014～2020』（駒草出版）がある。

長谷川町蔵
色々やってる文筆家。主な著書に「文化系のためのヒップホップ入門1～3」（大和田俊之氏との共著）「インナー・シティ・ブルース」など。

はるひさ
「ちまつり！スプラッター部」部長。人がひどい目に遭う映画が主食の、地雷原在住型シネマピコライター。仲間割れが大好物。『新世代ホラー2022』、「傑作（?）ゾンビ映画25選!!（『ゾンビ映画年代記 -ZOMBIES ON FILM-』付録）」などに寄稿。

樋口泰人
『キネマ旬報』『エスクァイア』『スイッチ』『スタジオボイス』など批評やレビューを執筆。カイエ・デュ・シネマ・ジャポン』の編集委員、その後編集長をへて、ビデオ、単行本、CDなどを製作・発売するレーベル「boid」を98年に設立。

ヒロシニコフ
残酷映画評論を中心に、書籍・雑誌・映画パンフレット・Blu-ray ブックレットなどに寄稿。世界中のゴア・ホラーをリリースする地下映画レーベル〈VIDEO VIOLENCERELEASING〉代表。

藤田直哉
批評家、日本映画大学准教授。著書に『シン・ゴジラ論』『攻殻機動隊論』『新海誠論』（作品社）、『新世紀ゾンビ論』（筑摩書房）『シン・エヴァンゲリオン論』（河出新書）、『百田尚樹をぜんぶ読む』（杉田俊介との共著、集英社新書）ほか。

古澤健
映画監督。1997年、『第20回ぴあフィルムフェスティバル』WOWOW賞（脚本賞）を受賞。監督作品に『making of LOVE』『今日、恋をはじめます』『怯える』『ルームメイト』『ReLIFE』『たわわな気持ち』『キラー・テナント』など。

堀潤之
1976年生まれ。映画研究、表象文化論。関西大学文学部教授。共編著書に『映画論の冒険者たち』（東京大学出版会）、『ゴダール・映像・歴史』（産業図書）。訳書にアンドレ・バザン『オーソン・ウェルズ』（インスクリプト）、コリン・マッケイブ『ゴダール伝』（みすず書房）など。

町山智浩
アメリカ在住の映画評論家、コラムニスト。WOWOW「町山智浩の映画塾!」、BS朝日「町山智浩のアメリカの今を知る TV In Association With CNN」、TBSラジオ「赤江珠緒 たまむすび」にレギュラー出演中。

真魚八重子
映画評論家。朝日新聞、週刊文春 CINEMA!、キネマ旬報、夜リラタイムなどで執筆中。『血とエロスはいとこ同士　エモーショナル・ムーヴィ宣言』（Pヴァイン）も絶賛発売中！

三田格
ロサンゼルで生まれ、築地の小学校、銀座の中学、赤坂の高校、上野の大学に入り、新宿の本屋、御茶ノ水の本屋、江戸川橋の出版社、南青山のプロデュース会社でバイトし、原宿で保坂和志らと編集プロダクションを立ち上げるもすぐに倒産。監修書『AMBIENT definitive 増補改訂版』を刊行、ほか編書多数。

三留まゆみ
漫画家、ライター。『月刊アングル』の映画欄のライターをきっかけに仕事を始める。以後、『漫画ブリッコ』にて漫画の連載と映画評の執筆を開始。著書に『いりおもてやまねこなんかこわくない』『三留まゆみの映画缶』がある

森直人
映画評論家。1971年和歌山生まれ。著書に『シネマ・ガレージ～廃墟のなかの子供たち～』（フィルムアート社）、編著に『21世紀／シネマX』（フィルムアート社）、『ゼロ年代＋の映画』（河出書房新社）ほか。「週刊文春」「朝日新聞」「シネマトゥデイ」などで定期的に執筆。YouTube チャンネル『活弁シネマ倶楽部』MC担当。

森本在臣
東京都出身。ジャッロと50年代のアメコミ、昭和の本格ミステリ、コーラが好物。著書にブランコレーベルとの共著であり、日本の70年代自主盤にスポットライトを当てた「和ンダーグラウンド　レコードガイドブック」がある。

柳下毅一郎
映画評論家・翻訳家。著書『興行師たちの映画史 エクスプロイテーション・フィルム全史』（青土社）、『新世紀読書大全 書評1990－2010』（洋泉社）など多数。訳書にR・A・ラファティ『第四の館』（国書刊行会）、アラン・ムーア／J・H・ウィリアムズIII『プロメテア1～3』（小学館集英社プロダクション）、監訳書に〈J・G・バラード短編全集〉（東京創元社）など。

山崎圭司
恐怖映画と共に歩んで半世紀の映画ライター。すでに新作洋画は多様性すら標準装備と感じる昨今、恐怖の源泉をどこに定めて掘り下げるのか興味は尽きないですが、小難しいこと考えずともホラー映画って楽しいですよね。

吉川浩満
文筆家、編集者、ユーチューバー。山本貴光と書評サイト（のちYouTube・ポッドキャストチャンネル）「哲学の劇場」を開設、2004年から複数の著書を刊行している。単著に『理不尽な進化　遺伝子と運のあいだ』『哲学の門前』など。

涌井次郎
西新宿の輸入映画ソフト専門店ビデオマーケット店主。思い返せば高校生の頃、当時国内未発売だった『時計じかけのオレンジ』の輸入ビデオ（β）を買ったのが、この道に入るきっかけでした。

渡邉大輔
映画史研究者・批評家。跡見学園女子大学文学部准教授。専門は日本映画史・映像文化論・メディア論。映画評論、映像メディア論を中心に、文芸評論、ミステリ評論などの分野で活動を展開。著書に『イメージの進行形』『明るい映画、暗い映画』。共著に『リメイク映画の創造力』『スクリーン・スタディーズ』など。

ele-king cine series
2023 年間ベスト& 2024 年の注目映画

2023 年 12 月 15 日　初版印刷
2023 年 12 月 25 日　初版発行

デザイン：シマダマユミ（TRASH-UP!!）

編集：大久保潤（ele-king books）

発行者　水谷聡男
発行所　株式会社 P ヴァイン
〒 150-0031
東京都渋谷区桜丘町 21-2 池田ビル 2F
編集部：TEL 03-5784-1256
営業部（レコード店）：
　TEL　03-5784-1250
　FAX　03-5784-1251
http://p-vine.jp

ele-king
http://ele-king.net/

発売元　日販アイ・ピー・エス株式会社
〒 113-0034
東京都文京区湯島 1-3-4
TEL　03-5802-1859
FAX　03-5802-1891

印刷・製本　シナノ印刷株式会社

ISBN　978-4-910511-63-4

万一、乱丁落丁の場合は送料負担にてお取り替えいたします。
本書の原稿、写真、記事データの無断転載、複写、放映は著作権の侵害となり、禁じております。

© P-VINE 2023